[改訂版]

自分のキャリアを自分で考えるためのワークブック

これがわたしの歩むみち

キャリアスケープ・コンサルティング代表取締役
小野田博之

日本能率協会マネジメントセンター

はじめに

こんにちは。
これからいっしょに「みち」を探していきましょう。
あなたが本当に生きいきとしていられるための、あなただけの「みち」を探しに行きましょう。
ここで言っている「みち」とは、「キャリア」のことです。
キャリアについてはこの後のコラムでお話ししますが、
あなたのこれからの仕事人生のことを指しています。

　　　　これからの仕事人生？
　　　　何ですか、それ？
　　　　そんな大きな話、急に言われても…
　　　　そんな先の将来のことなんて…
　　　　考えてもしょうがない…
　　　　考えたって、どうせそのとおりになりっこない…
　　　　だって、世の中なんてすぐに変わってしまうじゃありませんか。

たしかに、そうかもしれません。
何が起こるかわからない将来のことを考えているよりも、
いまをいかに生きいきと過ごすかのほうが大切かもしれませんね。
でも、将来があいまいなままだと、何だか「不安」な気持ちになってしまいます。
いまの状態がよくないことに対するいらいら感、やりきれなさ感は「不満」といいます。
それに対して、将来のことがわからなくて心配なことを「不安」といいます。
不安であることは、人を不満にさせやすくなります。
だから、将来のことを考えることは、いまを過ごすことと同じように、
いやむしろいまを生きいきと過ごすために、大切なことなのです。

将来のことですから、そう簡単にはわからないかもしれません。
わからなくても、
考えてみることだけでも、実は一歩踏み出していることになります。
まず一歩、いっしょに踏み出してみませんか？

目次●改訂版 自分のキャリアを自分で考えるためのワークブック

はじめに … 3

ワーク編

「ワーク編」の使い方
1 全体の構成 … 8
2 どうやって進めますか？ … 9
3 進めるうえでのQ&A … 10
column キャリアとは何か … 12

ワーク1 いま、気になっていること
1 作業の進め方 … 14
2 ちょっとした解説〜グループワークをやってみよう！ … 14
ヒントシート いま、気になっていること … 16
column キャリアとは仕事人生 … 18

ワーク2 マイ エンブレム
1 エンブレムとは？ … 20
2 作業の進め方 … 20
3 ちょっとした解説 … 21
column 伝えること、受け止めること（ジョハリの窓）… 21

ワーク3 わたしは誰？
1 作業の進め方 … 24
column 先輩に聞く①
　　　見えてきた自分のテーマ … 24
2 ちょっとした解説 … 25

ワーク4 やる気のもとは何？
1 作業の進め方 … 28
2 ちょっとした解説 … 28
ヒントシート やる気のもとは何？ … 29

column 秘密は「内的キャリア」… 30

ワーク5 出会い
1 作業の進め方 … 32
ヒントシート 出会い … 33
2 ちょっとした解説 … 34

ワーク6 人生線分析
1 作業の進め方 … 36
ヒントシート 人生線分析 … 37
2 ちょっとした解説 … 38

ワーク7 JobとWork/仕事人生と全人生
1 作業の進め方 … 40
2 ちょっとした解説 … 40
ヒントシート JobとWork/仕事人生と全人生 … 44
column NPOで働くということ … 46

ワーク8 ライフロール
1 作業の進め方 … 48
ヒントシート ライフロール … 50
column 「キャリア」はお互いさま … 52

ワーク9 キャリアアンカー
1 作業の進め方 … 54
column アセスメントをうまく使いこなそう … 57
ヒントシート キャリアアンカー … 58
2 ちょっとした解説 … 59
3 キャリアアンカーのさらに詳しい解説 … 60
column キャリア相談室から①

自己PRはこわくない … 63

ワーク10 好きな役割

1 作業の進め方 … 64
ヒントシート 好きな役割 … 66
2 ちょっとした解説 … 67
column 名は体を表さず？
　　　　～再び「内的キャリア」… 68

ワーク11 職業マイニング

1 おもしろい職業を掘り当てよう … 70
2 作業の進め方 … 71
ヒントシート 職業マイニング … 72
3 ちょっとした解説 … 74
column キャリア相談室から②
　　　　自己分析で気づいた思い込み … 75

ワーク12 あなたのカイシャ

1 作業の進め方 … 76
ヒントシート わたしのカイシャ … 77
2 ちょっとした解説 … 79
column 先輩に聞く②
　　　　本当にやりたかったことは … 80

ワーク13 好き嫌いで選んでみよう

1 作業の進め方 … 82
column キャリア相談室から③
　　　　会社選びは五感を使って … 82
価値観カード 選択の条件 … 83
2 ちょっとした解説 … 84
3 アンケート結果の使い方 … 84

ワーク14 もっともな、モットー

1 作業の進め方 … 86
ヒントシート もっともな、モットー① … 87
2 ちょっとした解説 … 87
3 さらに分析しよう … 92
ヒントシート もっともな、モットー② … 92
column 「自動思考回路」にストップを！
　　　　… 93

ワーク15 分析結果の整理

1 作業の進め方 … 94
2 ちょっとした解説 … 95
ヒントシート 分析結果の整理 … 96
column 先輩に聞く③
　　　　3回問い直してわかった
　　　　「わたしって何だろう」… 97

ワーク16 なりたい自分（キャリアゴール）

1 作業の進め方 … 98
2 ちょっとした解説 … 99
column 先輩に聞く④
　　　　62社目につかんだ運命の出会い
　　　　… 100

ワーク17 キャリアパス

1 作業の進め方 … 102
2 ちょっとした解説 … 102
column 先輩に聞く⑤
　　　　必要なことが必要なときに起こる
　　　　… 103
ヒントシート キャリアパス … 105

ワーク18 最後で初めてのワーク 始める一歩！

1 作業の進め方 … 106
2 ちょっとした解説 … 106
column キャリア相談室から④
　　　　明日はどうする？… 107
ヒントシート 始める一歩！… 108

進め方編

「進め方編」の使い方

はじめに … 112

1 このワークブックの目的

1 自己理解の手助けが目的 … 113
2 やり終えたときに確信がもてること … 114
3 教えるのではなく「気づくこと」を支える … 115

2 このワークブックの構成

1 作業の進め方 … 116
2 ちょっとした解説 … 117
3 ヒントシート … 117
4 コラム（column）… 117
5 考えるシート … 118
6 振り返りシート … 118

3 ワークの進め方

1 グループワークの基本的な進め方 … 119
2 グループワークの特徴 … 121
3 時間の使い方 … 122
4 グループワークを取り入れている理由 … 123
5 介入するときの留意点 … 123
6 グループワークを伴わない進め方 … 124
7 ワークの選択 … 126

4 各ワークの概要とねらい

1 ワークの前に … 128
2 ワーク編のねらい … 130
- ワーク① いま、気になっていること … 130
- ワーク② マイ エンブレム … 130
- ワーク③ わたしは誰？ … 131
- ワーク④ やる気のもとは何？ … 132
- ワーク⑤ 出会い … 133
- ワーク⑥ 人生線分析 … 133
- ワーク⑦ JobとWork/仕事人生と全人生 … 135
- ワーク⑧ ライフロール … 136
- ワーク⑨ キャリアアンカー … 139
- ワーク⑩ 好きな役割 … 140
- ワーク⑪ 職業マイニング … 141
- ワーク⑫ あなたのカイシャ … 142
- ワーク⑬ 好き嫌いで選んでみよう … 143
- ワーク⑭ もっともな、モットー … 144
- ワーク⑮ 分析結果の整理 … 145
- ワーク⑯ なりたい自分（キャリアゴール）… 145
- ワーク⑰ キャリアパス … 146
- ワーク⑱ 最後で初めのワーク 始める一歩！ … 146

5 重要な概念

1 キャリアとは仕事人生 … 147
2 内的キャリア … 148
3 自己理解 … 149
4 最後に … 151

改訂版のあとがき … 154

自分のキャリアを
自分で考えるための
ワークブック

ワーク編

「ワーク編」の使い方

まず、この本（ワーク編）のワークの行い方を説明します。

❶ 全体の構成

全部で18個の作業（ワーク）で構成されています。
できれば、最初から1つずつやってみてください。
ただし、完全に仕上げてから次の作業へ進まなくてはならないというわけではありません。
後で気がつくこともあります。そのときには、もう一度、前の作業に戻ってもかまいません。
いや、むしろそれは望ましいことといってよいでしょう。
後で書き直してもよいのだと思って、肩の力を抜いて進めてください。

急ぐ必要はありません。
きれいに早く仕上げることよりも、考えながら時間をすごすほうが大切です。
なんとなくこんな感じかなと思ったら、文章でも箇条書きでも、絵でもかまいませんから、空欄を埋めてみてください。

それぞれの作業は、おおよそ以下の要素で構成されています。

- **作業の進め方**……それぞれのワークシートの書き方を書いています。
- **ちょっとした解説**……作業をする前または作業をした後の簡単な説明です。
- **考えるシート**……別冊の「マイ・キャリア演習帳」にあります。シートの枠囲みは参考です。あまりとらわれないで、自由に書いてください。
- **ヒントシート**……考えるシートが書けないときに、ちょっと見てみましょう。
- **振り返りシート**……別冊の「マイ・キャリア演習帳」にあります。作業した内容を再確認しておきましょう。
- **コラム（column）**……作業に行き詰まったときや、終わった後に読んでみてください。

「ちょっとした解説」は、すべてのワークに付いているわけではありません。また、解説とコラムは読まなければ作業ができないというわけではありません。読んでおくと参考になるような内容です。コラムは、作業をする前に読んでも、作業の後に読んでもかまいません。

「ヒントシート」は、作業を進めるうえでのヒントを記入しています。ただ、ヒントシートを見る前に、できるだけ「考えるシート」に自分で書き込んでみてください。

「振り返り」は、作業が終わった後で記入してください。二度手間のような気がするかもしれませんが、シートそのもののことだけでなく、作業をしていて感じたことも記録しておきましょう。また、授業で進めているときは、1つの作業が終わるごとに、クラスの人たちあるいは友人と、作業の感想を語り合ってみましょう。自分の頭の中だけで考えるのではなく、言葉にし、ほかの人の考えと比べたりフィードバックをもらったりすることで、より多くのことがわかってきます。そうしたことを記録しておくためのものでもあります。記入欄がありますが、これもこの中におさめる必要はありません。欄にとらわれず書いてください。

❷ どうやって進めますか？

このワークブックは学校の授業で一斉にとりかかるという方法でも、自分一人でそれぞれのペースで進めていくという方法でも使えるようになっています。

先に記したように、できればクラスで、あるいは気の合った友だち同士で、書いた内容について話をしてみてください。

話をするのは、恥ずかしい？
めんどう？
あまりやったことがないことですからね。
でも、書いた内容を話しているうちに新しい発見があった！
ということもあるのです。

書いた内容が、これでいいのかな？ ── と思えるときに、ほかの人と話をしてみることはとても役に立ちます。ほかの人はどんなことを書いたのかという情報が得られるだけではなく、話すことで自分の考えをまとめられるからです。

また、学校の先生に尋ねたり、あるいはキャリアについての相談を専門にしているキャリアカウンセラーに相談してみるのも役に立ちます。

ぜひとも、尋ねてみましょう。

❸ 進めるうえでのQ&A

Q1 時間の目安はありますか？

A： 特にありません。納得がいくまで書いてみましょう。

書けなくなったら、次の作業をやってもかまいません。

ただ、その前に、何がわかったら書けるのかということについて考えておくとよいですね。そのことを、周囲の人と話してみるとよいでしょう。

そのうえで、後で書き足してもかまいません。

Q2 順番どおりにやらないとだめですか？

A： この順番でなければならないというわけではありません。でも、やりやすいような順番に並べていますので、できればこの順番でやってみてください。

また、ワーク15以降は後のほうでやってください。ほかの作業の結果を見ることがあるからです。

Q3 一人で全部やるんですか？

A： 自分のことについて考える作業ですから、まず自分だけで取り組んでみましょう。

そのうえで、ほかの人と話をしてみたり、先生やキャリアカウンセラーに相談してみるとよいでしょう。

Q4 まったく何にも書けません。これってまずいですよね。

A： まずくはないです。「『いまは書けない』ということがわかった」ということも収穫です。いまはそうであっても、後から書ければよいのです。

そのためには何が必要なのでしょうか？　情報ですか？

だったら、いろんな人に話を聞いてみるとよいでしょう。

書き方がイメージできない？

ほかの人の書き方を見せてもらうという方法もあります。ただ、書き方だけを見てください。中身まで真似しちゃだめですよ。

何が必要かもわからない？

だったら、じっくり相談してみるのがよいですね。先生やキャリアカウンセラーが、手がかりをもっているかもしれません。

「ワーク編」の使い方

Q5 何を使って書けばよいでしょうか？　鉛筆で書いたほうがよいですか？

A：　そうですね、鉛筆のほうが書き直せてよいかもしれませんね。書き直しができるほうが、「まぁこんな感じかなぁ」という段階で書き始められます。

　初めからきちんときれいに書こうと身構えずに、何度か書いているうちにうまくいくと考えてください。

　キャリア開発はCareer Developmentを日本語に訳したものですが、Developmentには、もともと備わっていたものが時間をかけて徐々に明らかになっていくというような意味があります。時間をかけてやっていくうちに、だんだんと自分の本来の姿、持ち味が浮かび上がってくると考えてください。

　なお、浮かび上がるまでの時間は、人によって違います。ですから、あわてないでじっくり取り組んでください。

Q6 文章を書くのは苦手です。どうしたらよいですか？

A：　文章でなくてもかまいません。キーワードだけでもよいですし、絵でもかまいません。

　少なくとも、後で読み返したときに、自分が何を思い、考えていたのかがわかるようにしておいてください。

Q7 何か参考になるものはありませんか？

A：　それぞれのワークシートには、「見本のようなもの」（ヒントシートやちょっとした解説）がついています。どうぞそれを参考にしてください。

　ただ、見本であって、具体的にこう書けばよいとか、こんな書き方があるというようには書いてありません。

　ちょっとしたヒントだけです。

　ちょっと不親切にしてあるんです。

　「なるほど、こうするのか！」と、簡単にできるようにはなっていません。

　中学や高校の勉強とは違って、答えを出すことが目的ではないからです。

　考えることが目的なのです。

　ゆっくり、じっくり考えてみてください。

　早く、きれいにできればよいというものではないんです。

　大切なのは「あぁ、そっか～」と自分で納得できることです。

Q8 答えはないのでしょうか？

A： はい、答えはありません。

　　答えは人によって異なっているからです。

　　安心してください。答えはあなた自身の中にあるのです。

　　それぞれのワークシートは、あなたが自分の中にある答えに気づき、自分なりの形にしていくための手がかりです。

---

column　キャリアとは何か

僕の前に道はない
僕の後に道はできる
あぁ、自然よ
父よ
僕を一人立ちにさせた広大な父よ
僕から目を離さないで守る事をせよ
常に父の気魄(きはく)を僕に充たせよ
この遠い道程のため
この遠い道程のため

出典：高村光太郎著『高村光太郎詩集』「道程」岩波書店

キャリアはこれからつくるもの

　このワークブックは、あなたが自分の「キャリア」について考えることを目的としています。

　キャリア（Career）とは、もともとは「車道」というラテン語です。それが競馬場や競技場におけるコースやそのトラック（行路、足跡）を意味するものになり、やがて特別な訓練が必要な職業や生涯の仕事、職業上の出世や成功をも表すようになりました。

　日本では「経歴」だとか「キャリア組／ノンキャリア組」というように使われることもあります。しかし、これはちょっと乱暴な使い方かもしれません。ノンキャリアというと経歴がないという意味になってしまいますから……。

　このワークブックでは、キャリアという言葉を、もう少し広い意味で使おうと思います。

仕事という面で人が歩いてきた、そしてこれから歩いていこうとする「みち」という意味で使おうと思います。「経歴」のようにこれまでどのような道を歩いてきたかも大切ですが、これからどのような道があるのかということを知ること、考えることは、とても大切だからです。

　高村光太郎の詩にあるように、あなたの歩いた後には、きちんと道が残っていきます。それは必ず残っていくものです。どのような道筋が残っているかは、あなたがどのように歩いていったのかに左右されますが、必ず残っていくのです。そこに残されているこれまでの道は、あなたが生きてきた証(あかし)ですからとても大切なものです。大いに参考になるでしょう。しかし、それがこれからの将来を決めてしまうわけではありません。残っている道筋を振り返って、あぁこのように歩いてきたんだなと思いつつさらに歩いて進んでいくことで、新しく「みち」が生まれていきます。前を向いて、自分なりに歩いていって、そしてあなたらしい「みち」が生まれていくのです。

自信をもって一歩を踏み出そう！

　では、これからどちらの方向に一歩を踏み出しますか？
　急に聞かれると、とまどってしまいますか？
　失敗したら、間違ったらどうしようかと心配ですか？
　でも、安心してください。
　一歩めを間違ったからといって取り返しのつかないことになってしまうということはありません。次の一歩で、いつでも修正できます。これまでの道筋がどうであったかも含めて、いつでも方向転換はできるのです。
　しかし、一歩を踏み出さないことには、「みち」はできません。
　まず一歩、されど一歩、だから一歩なのです。

　でも、できるなら自信をもって一歩めを踏み出したいですね。
　どこへ一歩めを踏み出すか、それを考えるのがこのワークブックの目的です。
　いっしょに考えてみましょう。
　これからいっしょに「みち」を探していきましょう。

ワーク1 いま、気になっていること

❶ 作業の進め方 〈マイ・キャリア演習帳2～4ページ〉

最初の作業は、「いま、気になっていること」です。
あなたがふだん気になっている人、気になっている仕事は何ですか？
興味のあること、関心をもっていることは何ですか？
思いつくままにあげてみてください。
書き出したら、どんなことが気になるのかも考えてみましょう。
どうして気になるのでしょうか？　どんな点が気になるのでしょうか？
よい意味で気になることもあれば、悪い意味で気になることもあるでしょう。
両方の意味で考えてみましょう。

❷ ちょっとした解説～グループワークをやってみよう！ 〈マイ・キャリア演習帳5ページ〉

書いてみたら、「グループワーク」をやってみましょう。このワークブックでは、グループワークとは「1つのテーマについてみんなで話をしてみること」をいいます。

グループワークの進め方には、さまざまな方法があります。ここでの進め方が一般的というわけではありませんし、採用試験などで行われる「グループワーク（グループディスカッション）」とは異なっています。ただ、取り組みやすい方法です。

1. 簡単なルールを決めよう！

ざっくばらんに感じたことを話してみればよいのですが、有意義な話をするために、簡単なルールを決めて進めてみましょう。

ふだんの会話、雑談とは、ちょっと違った感じになるでしょう。ルールがあると、少しやりづらいかもしれません。ちょっと堅苦しいかもしれません。

グループワークではお互いが自分のことをきちんと話してみることが大切なので、いつもの雑談とは異なるルールを設けるのです。

ルール1　6人（4人～8人程度）のグループに分かれましょう。
ルール2　一人ずつ、持ち時間を決めて話してみましょう。みんながお互いを尊重し、同じように自分の話をする時間を持つためです。

ルール3 持ち時間の中には、自分の感じたことを話す時間と、ほかの人からフィードバックをもらう時間を含みます。一人の人が話しすぎたり、まったく話すことのない人がいたりしないように、お互いに時間を守りましょう。

ルール4 話す順番は決めずに、話したい人から話をします。司会者も時計係もいりません。話す人が始めた時刻を覚えておいて、時間がきたら「それでは、わたしはここで。次の人、どうぞ」と終えるのがスマートですね。

ルール5 話すときのテーマはその作業ごとに異なります。たとえば、今回は「いま、わたしが気になっていること」です。作業した内容をふまえて、どんなことが「気になっている」のか、「それはどうして」なのかを話してみましょう。

ルール6 話を聞いた人は、話した人にフィードバックをしてあげましょう。フィードバックとは、話を聞いて「どのように思ったか」「何を感じたか」「(話の中の)どの部分に関心をもったか」を伝えてあげることです。ここでのグループワークは議論をして何かを決めようというのではありませんから、結論を導き出すことは考えなくてもよいです。話された内容(「○○ということを言ったんだよね」)や、そのときの様子(「××ということを話すときはとても楽しそうだったよ」)、話を聞いていて思ったことや感じたこと(「僕も……ということになったら同じことを思ったかもしれないよ」)を伝えてあげてみてください。できるだけ全員が一言でもかまわないのでフィードバックしてみましょう。

ルール7 話した人は、フィードバックをもらったら、それに対して答える必要はありません。そのように伝わったんだなと思って受け止めておきましょう。

ルール8 このようにして、全員が話し、フィードバックをもらいます。

2. グループワークのメリットは？

なぜ、このワークブックではグループワークを勧めるのでしょうか？

① 第一に、フィードバックをもらうことで、あらためて「自分が言いたかったことを確認できるから」です。話してみてフィードバックがまさにそのとおりだったのなら、「そうなんだよね～」と共感できて、とてもうれしくなります。

② 違っていると、ちょっと残念な気持ちになるかもしれませんが、コミュニケーションにはそのようなことが多くて、いつもきちんと伝わるものではありません。伝えたかったことと伝わったことが違っていたにしても、そのこと自体が参考になります。

③ また、人によって見方、言い方が違います。この違いが参考になります。

ふだんこうしたことをまじめに話す機会は少ないかもしれません。少ないからこそ、グループワークでまじめに話してみると、おもしろい発見がたくさんあるのです。

ヒントシート 1　いま、気になっていること

〈マイ・キャリア演習帳2〜3ページ〉

気になっている人	どんなところが気になりますか？
身近な人でも、マスコミに出てくる人でもかまいません。何だか気になるな……という人を思い浮かべてみましょう。	気になるのは雰囲気でしょうか、それとも言っていることや、行動ですか？　生き方、働き方？　あるいは、価値観？

気になっている出来事	どんなところが気になりますか？
社会的な事件でもかまいませんし、身近な出来事でもかまいません。	自分の将来や、知っている人に関わることだから？　共感できるから？　感動したから？

気になっている仕事	その仕事のどこが気になりますか？
それを自分の職業にするかどうかは別にして考えてもOKです。職業名がわからないときは、「○○○なことをやること」でもかまいません。	どこらへんにピンときたのでしょうか？　気になるのは仕事そのものでしょうか？　それともやっている人でしょうか？　いつごろから、どんなきっかけで、その仕事を知ったのでしょうか？

気になっている会社	どんなところが気になりますか？
就職したいかどうかということではありません。CMがおもしろいとか、商品が気に入っている、名前がおもしろいというのでもかまいません。	気になっているのは、その会社のサービスや商品についてでしょうか？　それとも、名前や雰囲気？　業績がよいから？

気になっている商品やサービス	どんなところが気になりますか？
自分が使っているものでもかまいませんし、使わないけれどおもしろそうというのもOKです。いい意味でも、悪い意味でもかまいません。	友人に説明するとき、どんなところをまず言いますか？　機能？　デザイン？　遊び心？

ワーク 1 いま、気になっていること

いま、時間があればやっておきたいことは何ですか？

できるだけ広い範囲で考えてみてください。
やりたいことと
やっておいたほうがいいことは、
分けて考えてもかまいません。

それはどうしてですか？

何のためにやっておくのでしょうか？
やらなかったら何が変わるでしょうか？

いま、気がかりなこともやもやしていることはありますか？

気になってつい考えてしまうこと、
不満や不安に思うこと、
嫌だなぁと思うことを書いてみましょう。

それはどうなっているとよいでしょうか？

どのような状態であればよいと思いますか？
何が変わっているとよいでしょうか？

まとめてみましょう

あなたがいま、興味や関心をもっているものは何でしょうか？

どんな領域のことですか？

ここまでに書いてきたことを見渡して考えてみましょう。
何か傾向や特徴はありましたか？

どんなところにひかれるのでしょうか？

興味や関心が生まれる要因を探してみましょう。
キーワード的に考えるとよいこともあります。

あなたはいま、何に嫌な感じ（不満や不安）をもっているのでしょうか？

どんな領域のことですか？

ここまでに書いてきたことを見渡して考えてみましょう。
何か傾向や特徴はありましたか？

どうすればその感じは少なくなるのでしょうか？

気がかりなこと
もやもやした感じは、
どうすれば少なくなりそうですか？

column　キャリアとは仕事人生

すみません、「キャリア」ということについてもう少し教えてください。

　最初のコラム（12ページ）で、キャリアというのは「みち」であるとお話ししましたね。もう少し別の言い方をすると、「仕事人生」であるともいえます。

「仕事人生」ですか。なんだかすごいですね。会社人間ということですか？

　いえ、人生は仕事ばかりではありません。趣味の時間、恋人や家族とすごす楽しい時間もあります。何もせずにぼんやりとしている時間もありますね。それらも大切な人生の一部です。仕事をしていると、これらの時間との折り合いをどうつけるかということが問題になってくることがあります。

そうですよね。仕事だけが人生ではない、ということですね。

　右図のように、「全人生」があって、その中に「仕事人生」があります。「仕事」という面から見たときの人生展開です。ほかにも、恛愛という面で見たときの人生展開とかもあっていいわけです。それは外側の部分に入ります。

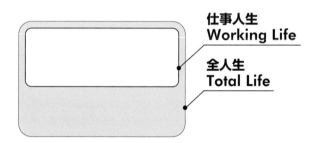

●キャリアとは仕事人生●

仕事人生　Working Life
全人生　Total Life

出典：横山哲夫他著『キャリア開発／キャリア・カウンセリング』生産性出版

へぇ、恋愛という面でもあり!?　恋愛という面で見た人生、「愛に生きる人生」というような見方もあるわけですね。

　全人生の中で、どこに重点をおくかは人によって違いますし、違っていいのです。ここではキャリアについて考えているので、仕事に焦点を当てた仕事人生を取り上げているのです。
　仕事は生きていくために必要だけど、大切なのは愛だという人には「愛に生きる人生」の重み、ウエートが大きいということになるでしょう。図で示すなら「愛に生きる人生」は、「全人生」の中でも「仕事人生」の外側にあるものですから、相対的に「仕事人生」が小さく描かれるようになりますね。右のページの図でいえば、左側に近いといえます。

なるほど。それでは仕事人生のない人生というのもあるんでしょうか？

　限りなく小さいというのはありそうですよ。できるだけ仕事とは無縁の世界で生き

ていたいという人もいるでしょう。たとえば、気の向いたときだけ仕事をして、後はご両親に生活を頼っている、そういう生き方がよいと思っている人には、仕事人生、つまりキャリアについて考えるということはあまり意味をもちません。あるいは、仕事をしているけれど大切にしたいことは別にあるのだという人もいます。その人にとっては、全人生に占める仕事人生の部分はそれほど大きくないでしょう。

　どれくらいの重みを仕事人生におくかは、その人の仕事観、労働観、あるいは人生観に結びついているといえます。

 仕事人生への重みづけって、ずっといっしょなんですか？

　いえ、人生の時期によって変わると思います。独身のころはばりばり仕事をしていて「仕事人生≒100％」（下の図の右側）みたいだった人が、結婚して子どもができたら子どもとの時間を大切にしたいのでしばらくは仕事人生のウエートを下げるということもあるでしょう。恋愛に目覚めちゃって、仕事を投げ出してでも好きな人といたいということもあるかもしれません。

 大切なのは、自分はいまどれくらいのウエートにしたいのかを考えておくことなんですね。

　そうそう。それが自分の人生を生きるということです。ほかの人がどうしているのかを参考にすることはできても、自分の人生は、結局は自分で考えていくしかありません。仕事人生≒0％という生き方でもよいのです。いずれにしても、誰かが決めてくれるものではありません。自分で決めて、その結果について自分で引き受ければいいのです。自分で結果を引き受けるのですから、自分はどうしたいのかを考えておく必要があるのです。

 それって、すぐに結論が出るものじゃないですよね？

　そうです。だから、考えておくのです。決めたからといって、すぐにそうできるものでもありません。でも、どうしたいかが自分でわかっていれば、きっかけがあったときにはそちらに向けて舵を切ることもできますからね。わからないと、漠然と不安なままになってしまうんです。

ワーク2 マイ エンブレム

❶ エンブレムとは？

ワーク１は言葉で考えましたが、ワーク２は絵で表現します。

ヨーロッパには中世以降、個人やその家を象徴する紋章（エンブレム）というものがあります。日本でいえば家紋に近いものです。右の図のように盾の形の中にいくつかの絵が装飾的に描かれた模様を見たことがありませんか？

盾の中を４つに区切って、そこに斜めに交わるようにシンボルとなるマークを入れたものです。盾の上や下に装飾的に家訓を入れることもありますし、これ以外の形もあります。

紋章は、特定の個人あるいは代々伝わる家系を、そのポリシーとともにシンボルで示そうというものです。それにならって、あなたの紋章を作ってみましょう。

●エンブレムの例●

出典：ウィキメディア・コモンズ
（Wikimedia Commons）

❷ 作業の進め方 〈マイ・キャリア演習帳6ページ、7ページ〉

① まず、紋章に載せる２つのキーワードを設定しましょう。次の表の中から、自分にとって、しっくり合う単語を２つ選んでください。

愛	解決	貢献	成長	富
自由	挑戦	信念	正義	安心
成功	感謝	自立	信頼	専門
支援	創造	直感	冒険	名誉

② それぞれのキーワードを図案化しましょう。文字ではなく、「図」「絵」「記号」「マーク」に置き換えます。キーワードが簡単にわかってしまう表現よりは、少し、ひねった表現がいいです。デザイン性を重視しましょう。

③ マイ・キャリア演習帳の「考えるシート」の盾の中に、②で考えたマークを書き入れます。次のページの図のように、斜め向かいに同じ記号が入るようにしましょう。

④ 盾の上の帯のところには、本来であれば家訓を入れますが、ここでは、自分の名字またはニックネームを装飾的に入れてみてください。

⑤　ここからは、グループワークです。完成した紋章を使って、簡単なゲームをしてみましょう。

●エンブレムの作成例●

1）いったん立ち上がり、自分の紋章が見えるように前に持ちます。そして、黙って「自分と近い感じがする人」を探してください。選んだキーワードが同じ人を探すということではありません。紋章の表現が自分と近い人をエンブレムを手がかりにして探すのです。移動してもよいですが話をしないようにしてください。

2）自分と近い感じがする人がいなければ、気になるエンブレムの人を探してください。見つかったら、2人組（ペア）になって座ってください。

3）それでも、ペアになる人がいないという人は、1つなら近いところがあるというペアに加えてもらいます。この場合は3人組（トリオ）になります。

⑥　全員がペア（またはトリオ）になったら、一人ずつ順番にマークの意味を説明し合いましょう。

❸ ちょっとした解説

どうでしたか？　キーワードが同じだったという人もいれば、思いもしないキーワードだったという人もいたのではないでしょうか。

話をしてみることで意外なことがわかってくるものですね。

---

column 伝えること、受け止めること（ジョハリの窓）

　　このワークブックでは、考えたこと、感じたことをグループで話し、フィードバックをもらうということを何度も取り上げています。それはグループワークでは、自分のことをより深く理解することになると同時に、コミュニケーションの基本を理解することにつながるからです。

　　このことを説明するには、「ジョハリの窓」という考え方を用いるとわかりやすいと思います。ジョセフ・ラフトとハリー・インガムという2人の学者が考えた、他者とのコミュニケーションを通じて自己理解が深まることを説明する図です。

❶ 心の4つの領域

　　自分について、自分が知っている部分と知らない部分、他者が知っている部分と知らない部分を考えると、①の図のように4つの領域に分かれます。

【パブリックの領域】…自分も知っているし相手も知っている領域ですから、相互にわかりあえていることといえます。

【ブラインドの領域】…自分は知らないけれど相手は知っている部分です。たとえば、口癖などは、自分は気がついていないけれど相手は知っていることがありますね。

【プライベートの領域】…自分は知っているけれど相手は知らない領域です。学校の友だちにも、家でどんなことをしているかまでは伝えていないことも多くありませんか。

【アンノウンの領域】…自分も相手も知らない領域です。ここが誤解や錯覚を生むもとになるといわれます。未知の可能性を秘めているともいえるでしょう。

● ジョハリの窓① ●
【自分について】

	自分が知っている	自分が知らない
他者が知っている	パブリックの領域	ブラインドの領域
他者が知らない	プライベートの領域	アンノウンの領域

❷ パブリックの領域は広くない

①の図はわかりやすいように四分割していますが、実際には、②の図のように、**パブリックの領域**の部分はそれほど大きくありません。この図で自分のことをより知ろうとすれば、A の線を右へ寄せればよいということになります。具体的な行動でいえば、相手から知っていることを教えてもらうことを指します。つまり、フィードバックをもらうのです。

しかし、フィードバックは誰でもいつでもしてくれるものではなく、フィードバックをほしいと言わなければなりませんし、フィードバックがほしい行動や言動については相手に知らせ、見てもらう必要があります。このことは、③の図のように B の線を下へ寄せることを意味します。これを行動でいえば、「ディスクローズ（自己開示）」することです。

● ジョハリの窓② ●
【自分について】

● ジョハリの窓③ ●
【自分について】

● ジョハリの窓④ ●
【自分について】

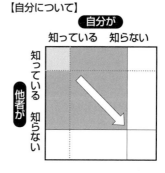

自分のことをディスクローズすること、つまり相手にきちんと伝え、相手のフィードバックをきちんと受け止めること、それがグループワークです。この結果、④の図のように、**パブリックの領域**が広がり、自分のことを知り、お互いのことも知ることができます。

❸ コミュニケーションの基本は発信と受信

　ディスクローズするとは、自ら発信することです。フィードバックをもらうとは、受信することです。きちんと発信し、受信すること、これはコミュニケーションの基本でもあります。グループワークがきちんとコミュニケーションをする練習でもあるというのはこのためです。

　一度発信すれば、必ず相手にきちんと伝わるわけではありません。発信の仕方にもよるでしょうし、相手の受信状態にもよるかもしれません。携帯電話で話していると、言ったことがうまく伝わっていないことがあります。これは、話し方が悪くて伝わらない場合もあれば、電波の状態が悪くて届かない場合もあります。相手が携帯電話を耳に当てていなかったということもあります。まだ受け止める準備をしていなかったということですね。自分が受信する時には、きちんと受け止める準備をしておきましょう。でも、受け止め損なうこともあります。その時にはもう一度発信してもらうように頼めばいいのです。

　このようにコミュニケーションの場面では何度かいろんな方法で試してみることが必要です。一度うまくいかなかったからといってあきらめてしまっては、自分のことはわかってもらえません。

❹ グループワークでコミュニケーションの練習を

　グループワークは、お互いがわかり合おうとすることを前提としている場です。なので、多少の失敗があっても、それはそれとしてきちんと話を聞いてフィードバックをくれます。あなたも、自分がフィードバックをもらった時のようにきちんと話を聞いて相手にフィードバックをしましょう。

　自分について理解を深めると同時に、発信し受信するというコミュニケーションの基本を確かめ、試してみることができるのがグループワークのよいところです。ぜひ、この時間を活用して、自分の考えていることや思いを言葉にして話してみて、それがどのように伝わったのかを確認してみてください。また、相手の話をきちんと受け止めているかどうかも確認してみてください。最初はぎこちないかもしれませんが、すぐに慣れてきます。まずはやってみましょう。

ワーク 3 わたしは誰？

❶ 作業の進め方 〈マイ・キャリア演習帳8ページ、9ページ〉

考えるシート3に、「わたしは _____ 。」という欄が20個書いてあります。下線部を埋めてみましょう。思いついたものを書いてください。

---

column 先輩に聞く① —— 見えてきた自分のテーマ

■ 夢をつかんだ実感

いま、わたしは韓国のソウル郊外で日本語を教えています。高校生、大学生、社会人の方が、朝7時からの早朝クラスと、夕方5時から夜9時までのクラスに通ってきます。

学生たちの日本語学習に対する意欲は高く、わたしは数少ないネイティブスピーカーとして会話を受け持ち、どうしたら満足してもらえる授業ができるかに悩む毎日です。新米教師として落ち込んだり泣いたりへこんだりする日も多いのですが、不思議なくらいパワーを感じます。いま、自分が夢をつかんだという実感があるからです。

■ 相手の要望に応えるということ

わたしは大学で福祉を専攻しました。福祉に興味をもったきっかけは、子ども時代にさかのぼります。妹が障碍（がい）をもって生まれるかもしれないとお医者さまに言われ、家族中が不安な日々をすごしました。妹は障碍をもたず生まれましたが、その記憶がわたしの中にとどまり、高校時代に進路を決めるとき、自然に福祉を選択していました。

大学卒業後はデイケアセンターに勤めましたが、対象が生身の人間となると教科書どおりにはいかず、とまどう毎日でした。対人援助とは相手が本来もっている力を引き出して、自立を助けるのが理想なのですが、当時のわたしは相手が要望すればできるかぎりのことをしてあげようと奔走（ほんそう）していました。その結果、相手がわたしに依存

してしまい、自分の力で生きようとする機会を奪っていたのです。わたし自身も疲れきってしまいました。

　そんな2年半をすごしてわたしは環境を変えることを思い立ち、ボランティアビザを利用してイギリスに渡りました。ボランティア発祥の地で活動をしながら、自分自身や福祉について考え直したかったのです。

　主には福祉施設で活動をしたのですが、驚いたのは介護する人が楽しんで働いている姿でした。できないことははっきり言い、かつてのわたしのようにけっして一人で問題を抱えこまず、他機関と連携してサポートするシステムができていました。

■人と関わり、助けとなるために

　帰国後、わたしは自分の人生のテーマである人の助けとなることを違う形で表したいと思いました。イギリスで暮らしていたとき、英語が不自由で自分を表現できないもどかしさを体験し、言葉が不自由なことも人間として機能する機会を奪っていることを思い知りました。

　このような体験から、わたしは日本語教師のみちに思い至り、教師としてのトレーニングを受けるために日本語教師養成コースのある専門学校の門をたたきました。

　専門学校では、授業以外に毎日5時間勉強し、合格率全国平均2割程度という難関の「日本語教育能力検定試験」に合格できました。

　就職先は韓国と決めていました。近いけれども解決しなければならない問題もたくさんある地で、日本語だけでなく、わたしを通じて日本をわかってもらいたかったからです。

　わたしの考える理想の教師像は、日本語学習者に何もかも教えこむのではなく、彼らの「表現したい」という力を引き出し、自分で解決できるように支援していくことです。

　こうして、わたしの生きてきたみちを考えると、わたしの人生のテーマは「人と関わること、人の助けとなること」といえるかもしれません。

　いま、わたしは生きいきと仕事をしている自分を感じ、前よりも自分が好きになっています。

---

❷ ちょっとした解説

1. 書いたものを分類してみよう！

　内容によって9つのカテゴリーに分けてみます。次ページの表の説明を参考にしてください。複数のカテゴリーに入れてもよいです。

● 9つのカテゴリーに分類してみよう ●

カテゴリー	簡単な説明	文章番号
A：生まれもったもの	名前、性別、血液型、誕生日、年齢、出身、兄弟姉妹の有無など	
B：身体の特徴	身長、体型、髪の色など	
C：性格	積極的な、気が小さい、のんきな、恥ずかしがり屋など	
D：信念	ポリシー、思い、モットーなど	
E：好み・関心	好きなもの、嫌いなものなど	
F：将来・希望	将来の希望、願望、要望など	
G：役割	学生、子ども、兄弟姉妹、所属しているところなど	
H：対人関係	人づきあい、友だちとのことなど	
I：所有	持っているもの	

　表に挙げられているのは、あなたが見ている「いまの自分」です。関心をもっていること、意識していることは何でしたか？　どのカテゴリーが多くありましたか？

　比較的初めのうちに書いたものは、関心が高い、意識が強い項目といえます。

　A～Iのカテゴリーは右の図のようにも整理できます。これほど明確に分けられるものではないのですが、どちらかというと社会（世の中）に近いものもあれば、逆に自分の内面に近いものもありますね。

　自分が書いたこと、書いていて思ったことを使った自己紹介をグループでやってみましょう。

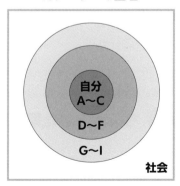

● カテゴリーの整理 ●

2. ここで注意してほしいこと

　こうした作業やグループワークで注意したいのは、**結果を見てほかの人と比較しない**ということです。比較するのではなく参考にしてほしいのです。「そういうのもあるの

か」「その考え方はいいかも」というふうに受け止めてください。すてきだな、おもしろいなと思ったら取り入れてみればよいのです。それが学ぶということです。

「そんなことをしていると、自分のオリジナリティがなくなってしまうのではないか」と心配ですか？　採用面接の場面などでは「自分らしさ」を伝えないといけないと言われますからね。でも安心してください。いくらほかの人を参考にしても、その人自身になってしまうわけではありません。あなたはあなたです。どの部分を参考にするかというところにあなたらしさが加わっています。

キュレーションサイトというものがあります。「まとめサイト」とも呼ばれるもので、特定のテーマについてWeb上の情報を集めて、閲覧できるようになっています。同じテーマのキュレーションサイトでも、採用している記事や並べ方、表示の方法はそれぞれに特徴があるものです。そこにサイトの運営者やキュレーター（もともとは博物館・美術館などで展覧会の企画・構成・運営などを担当する学芸員などの専門職のこと）の持ち味が表れているのです。その意味で、同じグループのメンバーの表現や着眼点を「いいなぁ」と思うのであれば、その理由や傾向を分析してみれば自分のキュレーションの好み、つまり自分らしさを知ることができます。

　いくら考えても**書くことが出てこないからといって焦ったり、落ち込んだりしないで**ください。今までこういうことを考えてこなかったのであれば出てこなくても不思議ではありません。大切なのは、ここからです。自分について分かっていないところがどこなのかが明らかになってきたということです。そこに焦点を当てて、これからじっくり考えたり、調べたりすればよいだけのことです。その手がかりとして、グループメンバーの話を聞く時に、どうしてそのようなことを考えるようになったのかということにも留意してみましょう。参考になる情報を得られるかもしれません。

　そうはいっても書けない、分からないところが多すぎて不安だという人は、なおさら慌てないで、一つずつ理解を深めていきましょう。この世の中に2人といない、たった一人の自分のことです。自分が分かってあげないで、他の誰が理解してくれるでしょうか？　テーマの内容を留意しながらしばらく過ごし、再度取り組んでみましょう。

　もう一つ注意して欲しいのは**結果に振り回されない**、つまり結果に一喜一憂しすぎないということです。また、結果に自分を合わせようとしたりしないということです。「適性検査」や「性格検査」などを受けたときには特に注意したいところです。「アセスメントをうまく使いこなそう」（57ページ）のところにも記していますが、検査の結果に「あなたは○○に向いています」と書いてあったとしても、それをそのまま受け止めるのではなくて、あくまでも手がかりとして捉えておきましょう。本当にそうなのかもしれませんが、もしかするとそうではないかもしれません。それを自分で確認することが大切なのです。

ワーク3　わたしは誰？

ワーク4 やる気のもとは何？

❶ 作業の進め方 〈マイ・キャリア演習帳10ページ、11ページ〉

これまでで、もっとも燃えていたとき・イケていたとき、燃えていなかったとき・へこんでいたときを思い出し、そのときの状況と気持ちを書き出してみましょう。

次に、あなたにとって「燃える・イケている」か、「燃えない・へこんでいる」かを左右するキーワード、あるいは条件、環境などを探してみます。より燃えるためのキーワード、これがあると燃えなくなってしまうというキーワード、両面から探してみましょう。

学校でのこと、アルバイト先でのこと、家でのこと、何でもかまいません。

❷ ちょっとした解説

「どうもモチベーションが上がらない」ということをよく耳にします。モチベーションとは何なのでしょう？ モチベーションは「動機」と訳されることが多く、何らかの行動を引き起こしたり、あるいはそれを長続きさせる要因を指します。「やる気のもと」と考えてもよいでしょう。

自分がどんなときにやる気になるのか、「やる気のもと」は何なのかを知っておくことは、仕事人生上も、全人生上も大切なことですね。

というのは、「いま、何だかノレてないな〜」というとき、自分にとっての「やる気のもと」がわかっていると、「何だ、やる気のもとが少ないからなんだ」と納得できます。さらに工夫すれば、そうしたときでも自分で「やる気のもと」につながりそうなことを見つけることができるかもしれません。

また、「やる気のもと」は、自分でそれと自覚していないと、ほかの人が供給してくれていても気づけないで終わってしまいます。たとえば「人から賞賛される」ということは、多くの人にとっての「やる気のもと」の1つです。あなたにとってもそれが「やる気のもと」なのであれば、ほめられたら「うれしい」と素直に受け止めてみるのも、燃えるためのコツといえるでしょう。

ヒントシート 4　やる気のもとは何？

〈マイ・キャリア演習帳10ページ〉

1. これまでの出来事の中で一番燃えた・イケていたのは、どんなことをしていたときですか？　また、そのときの内容や状況、気持ちを思い出して記入してください。

- その出来事の内容、状況

  > できるだけ具体的に思い起こしてください。どんなことをしていたときですか？
  > 大会で入賞したとき？　あいつと競争したとき？　作品を作っているとき？
  > どんな風景でしたか？　そのとき何が聞こえていましたか？　どんな雰囲気でしたか？　周囲にいた人は？

- そのときに思ったこと、考えたこと

  > どんなことを感じながらやっていましたか？　どうしてそこまでやれたのでしょうか？
  > 何がそこまでさせたのでしょうか？　終わったときどう思いましたか？
  > できるだけそのときの状況を思い出してみましょう。

2. これまでの出来事の中で、一番燃えなかった・へこんでいたのは、どんなことをしていたときですか？　また、そのときの内容や状況、気持ちを思い出して記入してください。

- その出来事の内容、状況

  > できるだけ具体的に思い起こしてください。どんなことをしていたときですか？
  > うまくいかなかったとき？　つらかったとき？　わかってもらえなかったとき？
  > どんな風景でしたか？　そのとき何が聞こえていましたか？　どんな雰囲気でしたか？

- そのときに思ったこと、考えたこと

  > どんなことを感じながらやっていましたか？　何か足りないと思っていたことは？
  > ジャマだと感じていたことは？　終わったときどう思いましたか？
  > できるだけそのときの状況を思い出してみましょう。

3. あなたが燃えているとき・イケているときのキーワードは何ですか？　燃えていないとき・へこんでいるときのキーワードは何ですか？

燃えているとき・イケているとき	燃えていないとき・へこんでいるとき

> キーワードはひと言でも文章でもかまいません。
> 燃えているときと燃えていないときを対比させて
> みるのも、手がかりになるかもしれません。

column 秘密は「内的キャリア」

何なんですか、この秘密って？ 「内的キャリア」ってことは外的もあるんですか？

あぁ、これね。実はモチベーションは、「内的キャリア」に深く関係しているんですよ。内的キャリアは「外的キャリア」とあわせて自分のキャリアを考えるときに持っておくと便利な「視点」なんです。

外的キャリアというのは、先の「わたしは誰？」のワークでいうなら役割に近いもので、それこそ「外側」からわかるものです。どんな仕事をしているのか、どんな職種・職業なのか？　業界は？　役職は？　そういったものが外的キャリアです。

自己紹介などで真っ先に触れるのはこうした外的な部分が多いですね。

なるほど、外から見てわかる部分が外的キャリアですね。じゃ、内的って？

内的キャリアのほうは、その人の内面の部分です。働くことについて、あるいはいまやっている仕事について、どのように感じているかということです。

つまり、働きがいや生きがいに当たるものです。

これらはその人の心の中にあるものですから、外から見てもわからないですね。ですから、「内的キャリア」といいます。

そのわからない部分をなぜテーマに挙げる必要があるんですか？

実は、仕事や仕事人生に満足できるかどうかは、この内的キャリアに強く関わっているからなんです。

たとえば、ここにファミリーレストランで働いている2人がいるとしましょう。どちらもこの店で働くことに満足しています。

Aさんは「お客さまにおいしかったよと喜んでもらえる」ことがうれしくて仕事をしています。ですから、おいしいものをお客さまの食べるタイミングに合わせて出したいと思って、会話がはずんでいる様子を見たら、「デザートはもう少し後になさいますか？」などと声をかけたりしながら仕事をするでしょう。

一方、Bさんはより多くのお客さまに自慢の料理を楽しんでもらいたいので「どんどんお客さまに来ていただいている」ことで、働く充実感を感じるとしましょう。そうすると素早く料理を出していくようになるでしょう。「ほかのお客さまのためにもあまり長話をしないでほしいな」と思うこともあるかもしれません。

この「楽しい」「充実感を覚える」という理由が、内的キャリアです。ファミリーレストランで働いているという外的キャリアは同じでも、人によって内的キャリアは違っているし、それが行動にも表れるのです。

その内的キャリアが何であるかが、モチベーションに影響するのですね？

そうです。たとえば、店長がこの２人に「もっと効率を上げたいから、あまり一人ひとりのお客さまに時間をかけないように」と指示をしたらどうでしょうか？

　Ａさんはそれではお客さまにいいタイミングで料理を出せないし、お客さまとの会話もできないので楽しくないと思うでしょう。このことは、仕事をつまらないものにするだけでなく、もしかすると、辞めたいという気持ちにさえつながるかもしれません。

　Ｂさんにしてみれば自分の考えにも合うのでいっそう励みたいと思うことでしょう。

**　そうか、じゃあ、自分の内的キャリアが何であるかがわかっているということは、やりがいを感じるコツでもあるんですね。**

　そうです。まったく同じ仕事をしている人でも、その仕事のどこに楽しみややりがい、働きがいを感じているかは人によって違いますからね。

　逆に違う仕事でも共通するようなやりがい、働きがいが得られることもあるんです。さっきのＡさんは、お客さまに喜んでもらえること、そうした会話をしながら仕事ができることが大切なようです。そうであれば、ファミリーレストランだけでなく、ほかのサービス業でも同様の場面はあるでしょう。接客業でなくても、総務部のような社内サービスをする部署で、社内の人をお客さまと考えることで内的キャリアを実感することがあるかもしれません。考えようによっては、どんな仕事にも内的キャリアを実感する手がかりがありそうだといえるのです。

　だから、どんな仕事をするのか？　つまり、外的キャリアをどうするかということも大切なのですが、自分はどんなところに働く意味を感じているかという内的キャリアのこともじっくり考えておく必要があるのです。

**　ところで、どうすれば、その内的キャリアってものがわかるんですか？**

　自分の働きがいは何か？　どんなときにやりがいを感じたか？　あるいは、働くうえで何を大切にしたいか？　ということを考えることになりますね。

　でも、考えているだけでは難しいかもしれません。実際に仕事をしてみないとわからないこと、体験しないとわからない楽しさやつらさといったものがありますからね。外から見ていると気がつかなかったけれどそんなおもしろさがあったのか！　といったようなことがよくあるのです。

　ですから、ほかの人の話を聞いてみることは、自分の内的キャリアに気づくうえでとても役に立ちます。実際に働いている人の話を聞くのはお勧めです。

**　内的キャリアって変わることもありますか？**

　はい。先ほど言ったようにやってみてはじめてわかるおもしろさってあるでしょう？

　そしてあなた自身が成長することで変わることもあるのです。

　じっくり考えてください。結論を急ぐ必要はありません。

ワーク 5 出会い

❶ 作業の進め方 〈マイ・キャリア演習帳12ページ、13ページ〉

これまでに出会った人、出会った景色、出会った出来事などから得た感じ、考え方、印象をまとめてみましょう。さまざまな出会いが、あなたの人生観や価値観、仕事観にさまざまなインパクト（影響）を与えていることと思います。いまのあなたを形づくったこれまでの出会いをまとめてみましょう。

1. 印象に残っている人は？

あなたがこれまで出会った人の中で、印象に残っている人、インパクトを受けた人は誰ですか？ いつ、どんな場面で出会ったのでしょうか？ そのとき、どんなインパクトを受けたのでしょうか？

2. 印象に残っている景色は？

あなたがこれまで見た景色の中で、印象に残っている景色、インパクトを受けた景色はどんな景色ですか？ 忘れられない情景はありますか？ いつだったでしょう？ そのとき、周りには誰がいましたか？ そのとき、どんなことを話していましたか？ そのとき、どんなインパクトを受けたのでしょうか？

3. 印象に残っている出来事は？

あなたがこれまで出くわした出来事の中で、印象に残っていること、インパクトを受けた出来事は何ですか？ 愉快な話もあれば、悲しい話もあるかもしれません。家でのこともあれば、学校のこと、社会のこともあるでしょう。それはどんな出来事でしたか？ いつだったでしょう？ 周りには誰がいましたか？ どんなことを思ったのでしょうか？ どんなことを考えたのでしょうか？ どんなインパクトを受けたのでしょうか？

最後に1から3に挙げたようなさまざまな出会いは、いまの自分にとってどんな意味をもっているのか考えてみましょう。

ヒントシート 5　出会い

〈マイ・キャリア演習帳12ページ〉

出会った人	いつごろ？	どんな場面	どんなインパクト？	いまの自分にとっての意味
できるだけ広く考えてみましょう。親戚、学校の先生、あこがれの人、目標にしていたサッカー選手、名前も何もわからない旅先で会った人、など。	詳しい年月日ではなく、「小学3年のころの春休み」などでもかまいません。	自分がわかる範囲で、具体的に書いてみましょう。グループワークのときには、話しにくければ名前などは伏せてかまいません。	心に残った言葉や「この！」と腹が立ったこと。あんなふうに生きたいと思ったこと。あぁはなりたくないと思ったこと、など。	その人に会ったことが自分にどんな影響を及ぼしているでしょうか？プラスの面もマイナスの面もありますね。

出会った景色	いつごろ？	周りには誰が？何を話した？	どんなインパクト？	いまの自分にとっての意味
場所だけでなくて、光景も思い出せるといいですね。実際に行っていなくても、写真やテレビで見た風景でもよいですよ。	詳しい年月日ではなく、「小学3年のころの春休み」などでもかまいません。	誰と、どんな話をしていたかが、思い出すための手がかりになることがあります。	風景そのものから受けたインパクトもあるでしょうし、そのときに話していたことから受けたインパクトもありますね。	その情景の中で感じたこと、考えたことが、いまの自分の行動や言動にどんな影響を及ぼしているでしょうか？プラスの面もマイナスの面もありますね。

出会った出来事	いつごろ？	何を感じた？何を思った？	どんなインパクト？	いまの自分にとっての意味
家族、親戚、友だちなどとの身近な出来事もあれば、大きな事件もあるかもしれません。小さなころの思い出もあるかもしれませんね。	詳しい年月日ではなく、「小学3年のころの春休み」などでもかまいません。	その出来事から、どんなことを思ったのでしょうか。	出来事そのもののインパクトが大きいこともあれば、出来事は大したことはないのだけれど、それに付随して発生したことがショックだった、驚いた、うれしかったというのもありますね。	その出来事で人生観や価値観が変わったりしましたか？こんなことになるのなら、これからはこうしようと決めたことはありませんか？プラスの面もマイナスの面もありますね。

ワーク 5 出会い

❷ ちょっとした解説

　わたしたちは、日々いろいろなことに出会っています。このワークでは人との出会い、景色との出会い、そして出来事との出会いを取り上げていますが、そのほかにも本や映画といった「物語」との出会い、絵や写真、音楽といったイメージとの出会いなどもあります。実際に目の前で起きている出来事もあれば、スマートフォンや携帯電話、パソコンなどを通して出会う出来事もあるでしょう。こうしたいろいろな出会いから、わたしたちはいろんなことを思いついたり、考えたりしています。そして、それをすぐに忘れていってしまいます。次から次へと出会うのですから、いちいち覚えてはいられません。それは仕方のないことなのでしょう。このワークはちょっと足を止めて、そうした出会いを思い起こしてみる、そんな意味をもっています。

　何も出会いはなかったなぁと思う人は、今日、家から学校に来るまでの道ではどうだったかを振り返ってみましょう。いかがですか？　いつもと同じ道をいつもと同じ時間に通ってきたのだから、特に何も新しいことはなかったという人もいるでしょう。何となく歩いてきたから思い出せないという人もいるかもしれませんね。

　では、帰り道でちょっと注意してみてください。注意してみると、いつもと同じと思っていたものも、ちょっとずつ変わっていると思います。天気の違いや、木々の色が変わるなど季節による違いもあるでしょう。商品の流行などで、店頭のディスプレーが変わっていたということもありますね。一方で、「変わらないもの」に気づくこともあるでしょう。いつまでも同じであるということは、それはそれで難しいことで、貴重ともいえます。変化を探すために、道の反対側を歩いてみたり、電車やバスの中でいつもとは座る位置を変えてみたりしてはどうでしょうか。いつもと違う道を通ってみるというのもよいでしょう。1つ手前の角を曲がってみたり、1つ手前の駅や停留所で降りて歩いてみたり、乗り継ぎの駅を変えてみたり…。いつもと違うことをすると、違ったものが見えてきます。

　ところで、J. D. クランボルツ（Krumboltz）は、著書『その幸運は偶然ではないんです！』（ダイヤモンド社）の中で、キャリアは偶然に左右されることが多く、あらかじめ計画することに限界があると述べています。キャリアというと、「○○になる」といった具体的なゴールを決めてそれに向かって努力すること、と考えていると、クランボルツの言葉は何だか意外な感じがします。同時に、「だったらどうすればいいんだろう？」と頭を抱えてしまいそうです。

　確かに、世の中はどんどん変化していきます。大変人気のあった仕事がそうでもなくなったり、新しい職業が生まれる一方で知らないうちに消えてしまう職業もあったりし

ます。将来のことを具体的に決めようとしてもこれでは簡単にはいきません。ですからクランボルツは、緻密に計画を立てることよりも、いろいろな選択肢を模索し、興味をそそることについてもっと学び、どのように他者に役に立てるかを考えることのほうが、満足のいくキャリア、満足のいく人生を送るうえで重要だと述べています。その方法として、常に好奇心をもって学習の機会を模索し続けること、そして多少の失敗にくよくよしないで活動を続けることを挙げています。そうすることで、新たな機会に出会えます。ここで取り上げた出会いのなかにも、自分の生き方や考え方、価値観に影響するものがあったのではないでしょうか？

　わたしたちは、さまざまな出会いのなかで自分の内的キャリアに気づき、より自分らしい仕事人生をつくっていくのです。いつも同じことばかりしていては、新たな出会いは訪れません。待っているだけでなく、これまでは顔を出さなかった集まりに行ってみたり、気にはなっていたけれど手を出していなかった本や映画を読んだり見たりしてはどうでしょうか？

　クランボルツは、今までやっていなかったことを、うまくいかないかもしれないと思ってもとりあえずやってみる、そして結果に結びつきそうにないからといってすぐにあきらめたりせずに続けてみるということも勧めています。こうでなければというこだわりや信念にとらわれず、想定外のことにも柔軟に対処し、行動や態度、考え方を変化させることが、自分の可能性を広げていくことになるのです。

　さあ、いろいろなことに出会うための行動を始めてみましょう。

ワーク 6 人生線分析

❶ 作業の進め方 〈マイ・キャリア演習帳14〜17ページ〉

生まれてからこれまで、いろんな出来事がありましたね。

その時々でいろんなことを考えたり、感じたりしたことと思います。

「『ワーク編』の使い方」のところ（12ページ）で紹介した詩のように、あなたのこれまで歩いてきた後ろには、歩いてきたなりの「道」が残っています。

ここでは、あなたが残してきたあなただけの道筋を振り返ってみたいと思います。

これまでのことを振り返って、そのことをグラフで表してみましょう。

1. 線を描くルールは？

次ページのヒントシートを見てください。縦軸は、そのときいい感じだったか、よくない感じだったかということと、その程度を表します。

いい感じだった、のっていた、楽しかった、うれしかった、燃えていた、イケていたときは、＋のほうへ記入します。よくない感じだった、燃えなかった、へこんでいた、うまくいかなかった、つらかった、行き詰まっていたときは、－のほうへ記入します。レベル、程度は、自分で決めてみてください。

横の目盛りは、時間の流れを指します。「1目盛りを1年」と考えてみましょう。

まず、それぞれの年での状態を点で表して、それをつなげていくという方法があります。この方法でやってみたい人は、どうぞこの方法で描いてください。

いや、それほど覚えていないんだ、という人は、それほど細かく考える必要はありません。「ざっくりこんな感じかな？」と、線で描いてみましょう。

2. 特徴的な出来事を書いてみよう！

線を描いたら、特徴的なところではどんなことがあったのかを書いてみましょう。

＋の高いところや－の低いところ、あるいは線の曲がっているところでは何があったかを、そのときの気持ちとあわせて書いてみましょう。

ちょっと書くのが恥ずかしいなという場合は、自分だけにわかる記号で書いてもかまいません。後でもう一度見るとき、自分で読めるようになっていればOKです。

ヒントシート 6　人生線分析

〈マイ・キャリア演習帳14〜15ページ〉

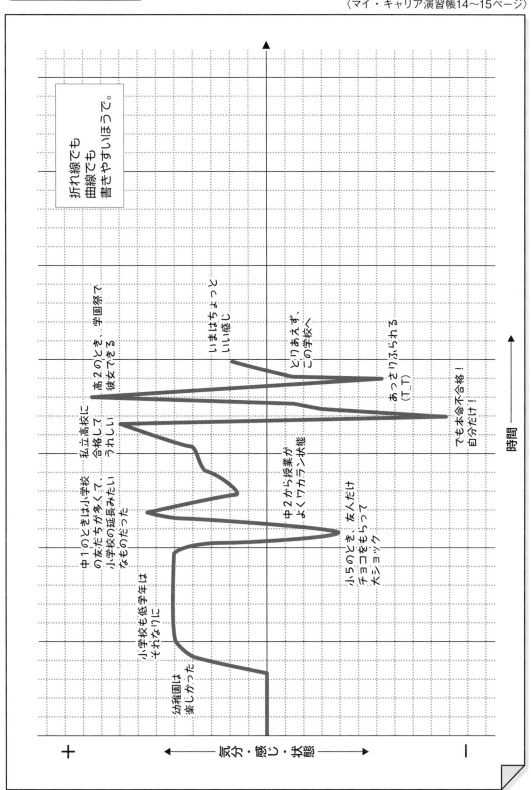

注）マイ・キャリア演習帳の「考えるシート」は見開きで使用してください。

❷ ちょっとした解説

1．これまでの人生を眺めてみる

　人生線を書いたら、でき上がったものを眺めてみましょう。いかがですか？

　高いところが多いほうがよいとか、全体として変化があったほうがドラマチックでよいとかということはありません。もちろん、安定しているほうがよいということでもありません。

　人によってでき上がった形は違うものですから、ほかの人と比べても、あまり意味がありません。

　では、人生線を書くことに、どんな意味があるというのでしょうか？

　人生線の形は、自分が自分のこれまでの道筋をどう見ているか、ということを示しています。「いろいろあったなぁ」と思っている人も、「あまり何もなく平凡だったなぁ」と思っている人も、そのように形に現れます。

2．人生を語るということ

　ところで、書いているときの自分はどうでしたか？　書きながら、「そういえば、小学6年のとき…」などと思い出すことはありませんでしたか？　また、1目盛りには書き切れないので、2つの出来事を1つにまとめたりはしませんでしたか？　わたしたちは、過去を振り返るとき、すべての出来事を客観的に思い出しているわけではなく、ある程度は（というより、ほとんど全部）、必要なものをピックアップしているといえます。いまの自分の状況を説明しやすいように、過去の出来事の中から選んでいるのです。

　たとえば、オリンピックのメダリストなど、その道で成功した人の話を聞くと、「子どものころから夢を追いかけてきたから」ということが語られることがあります。確かに、子どものころから脇目も振らずに一所懸命にやってきたことが、現在につながっているということはあるでしょう。そう聞くと、いまごろになって始めても遅いなぁと、頑張る気が失せてしまいそうですね。

　一方で、「ある日ふと思いついてみてやってみたら、うまくいった」と語る人もいれば、「先生が才能を見出してくれたから」と語る人もいます。そう聞くと、自分にも埋もれた才能があればいいのにとか、誰か自分の才能を引き出してくれないだろうかとか、思えてきますね。

　「子どものころから」というのも、「ある日」とか「誰かが」というのも、後で振り返った結果から言っているだけのことです。実際には、子どものころから夢見ていたけ

れど、うまくいかなかったという人もたくさんいます。ある日ふと思いついてやってみたといっても、実はあれこれとたくさんやってみたもののうちの1つがようやく成功しただけのことかもしれません。誰かに、「あなたには、この才能がある」と言われて、始めてはみたもののそれほどでもなかったというケースもあるでしょう。「いえいえ、そんなことは…」と謙遜してしまって、結局やらずじまいになったという人もいるでしょう。

　要するに、自分のこれまでを物語るときには、自分が説明しやすいように過去の出来事を選んでいるといえるのです。成功した話では、そうなるための出来事を選んで、まるでそれが必然であったかのように組み立てられます。逆に不幸な話では、不幸に関する出来事ばかりが取り上げられます。

3. 見え方は変わる

　ここで人生線を書いたのは、過去のいいところを見れば幸せな人生になる、だからいいところだけを見ていこう、というのが目的ではありません。それはただの偏った選択です。過去について、いまはこう思っているけれど、ほかの見方や考え方はないのだろうかと考えてみようということなのです。

　グループで感想を述べ合ってみると、ここのところがよくわかります。

　お互いに、人生線を書いてみて、思ったこと感じたことを説明し合ってみましょう（説明するときは、人生線を見せて説明してもかまいませんし、見せずに話の中で説明してもかまいません）。すると同じような出来事でも、違った解釈が出てきます。また、違った出来事なのに、同じような感想をもつこともあります。

　人生線のパターンはどうでしょうか？　自分と似ている人もいれば、全然違う人もいるでしょう。そのパターンから感じることを聞いてみると、パターンが同じだからといってけっして同じように自分の人生をとらえているわけではないことがわかります。うらやましいようなパターンなのに、そうは考えていない人もいます。大変だったのだろうなと思うようなパターンなのに本人はケロッとしていたり、むしろ楽しそうにしていることもあります。こうしてお互いに感想を述べ合ってみると、自分の人生線に、別の意味が見えてくるかもしれません。そうするとこれまでの見え方まで変わってくるかもしれませんよ。

７ JobとWork/仕事人生と全人生

❶ 作業の進め方 〈マイ・キャリア演習帳18〜20ページ〉

あなたの知っている人の仕事をJobとWorkに分類してみましょう。

お父さんやお母さん、担任の先生でもかまいません。何人か選んで考えてみましょう。よくわからないときは、直接聞いてみてもいいかもしれません。

また、JobとWork、そして仕事人生と全人生のウエートを想像してみましょう。

まず、仕事の中身を見てみます。仕事の中でJobはどれくらいのウエートでしょうか？　仕事全体で100％になるように考えてみてください。その人に尋ねてみたり、書いてもらったりしてもいいですね。

そして、全人生の中で仕事人生にどれくらいのウエートをおいているのかも、図にしてみましょう。

最後に、自分の10年後も描いてみましょう。

❷ ちょっとした解説

1. JobとWorkの違いを知ろう

すみません、作業に入る前にJobとWorkの違いを教えてもらえませんか？

これまで「仕事」とひとくくりに表現してきましたが、実は「仕事」には、「広い意味の仕事」と「狭い意味の仕事」があるのです。

わたしたちがいつも使っている「仕事」は、会社などに行って決められた役割を担い報酬を受け取ることを指していましたね。これは「仕事」を狭い意味でとらえています。

そうですね。あなたの仕事は何？　と聞くと、だいたい答えてくれるのは、会社の仕事のことですね。

逆に、お勤めをしている人ではなさそうな感じの場合、なんだか「お仕事は何をなさっているんですか」って聞きづらいですね。

ところが、仕事とは「会社の仕事」に限られているわけではありません。

「本業」として、会社では営業課の課長をやっているんだけど、そのほかにボランティアで市民オーケストラのマネジャーをやっているという人だっています。このマネジャーという役割は、オーケストラが毎週練習するのに場所を確保したり、楽譜を

探してきたり、定期演奏会の会場をとったり、パンフレットづくりを依頼したりと忙しいものです。細かな作業で、演奏会のお客さまの目にはとまりにくい仕事ですが、誰かがやらなければいけない大切な役割です。

同じようなことは、子どもたちのスポーツチームの監督やコーチなどの活動でもあります。町内会の活動など地域活動にもあるでしょうし、政治活動や宗教活動なども同様ですね。

これらの活動は、その組織の中でなくてはならないものですし、だからこそ責任をもって果たしていかなければなりません。その意味では「仕事」といってもよいのではないでしょうか。きっと本人も、その役割を果たしている場面では「これは僕の『仕事』だから…」と思っていることでしょう。

このように、報酬を得られるかどうかということとは関係なく、団体や組織が活動するために必要な役割の一部を責任をもって引き受けていることも仕事として含めたら、「会社の仕事」よりも広い意味での仕事という考え方ができます。

それはたしかにそうですが……。
でも、そのように考えることにどんな意味があるのでしょうか？

会社の仕事、狭い意味の仕事をJobと呼ぶことにしましょう。
これにボランティアや地域活動を含めた、広い意味の仕事をWorkと呼ぶことにしましょう。
すると右の図のような関係になります。

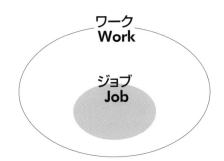
●狭い意味の仕事と広い意味の仕事●

出典：横山哲夫他著『キャリア開発／キャリア・カウンセリング』生産性出版

狭い意味の仕事は、広い意味の仕事の一部ということですね。

そうです。
仕事をこのように捉えると、はっきりしてくるのが、会社で働くことが仕事のすべてではないということです。ですから、会社で定年を迎えるということは、けっして仕事人生つまりキャリアの終わりではないということがよくわかります。もっと長い目でキャリアを考えられるようになります。

そうか～。ということはキャリアについて考えるということは、定年まで会社でどうすごすかという問題ではないんですね。
だから生き方全般にかかわる問題だということなんですね。

もう一つ大切なのは、仕事に占めるJobのバランスについてです。
「仕事といえば会社の仕事以外に何があるんだい？」という人がこれまで多かったわけですが、「会社の仕事は大切だが、参加しているNPO活動も同じように大切だ」という人も増えてきています。
前の人は仕事といえばJobばかり、会社の仕事ばかりなのでしょうが、後の人にとっては仕事に占めるJobの割合はそこまでは高くないということになります。

ボランティア活動や子どもたちのサッカーチームの指導などに生きがいを感じる人にとっては、そうした活動を続けるためにお金が必要だから、報酬が得られる会社の仕事はきっちりやる。しかし、重要なのは会社以外の活動の方なのだという生き方もあるし、認められていいのだと思います。
　現実に、こうした人たちは少なくない割合で存在します。そうした活動をする時間をつくり出さないといけないので、あまり何も考えずにただ会社に来ているだけの人たちよりも、Jobの時間の使い方が効率的だったり、きちんと成果を出そうと熱心だったりします。

**　WorkのためにJobがあるというと、「お金のために働いている」ようで、なんだかやるせない感じがしますが、その理由によってはとても納得できる生き方・働き方なんですね。**

　見方によっては、主婦業だって大切な「仕事」ととらえることができますよ。

**　そういえば家事のことを英語ではhouse workとも言いますね。そのようにとらえると、Jobをもっている人だけがキャリアウーマンというわけではないんですね。**

　そうですね。家の仕事をJobととらえるか、Workととらえるかは、その人の価値観によって変わります。「そうだ家事だって仕事だ。だからパートナーと分業するのは当然」と考える人もいれば、家事を仕事と捉えること自体に抵抗感がある人もいます。
　キャリアの断絶ととらえられがちな結婚、出産、育児を広い意味で人生における仕事の一つと考えると、仕事の中身とウエートの一時的な変更とも捉えられます。こうした出来事を経験することは回り道なのではなく、仕事人生（キャリア）に対する主体的な取り組みの一つといえるのではないでしょうか。
　その意味では、ワークライフバランス（Work Life Balance）を考えるとは、「全人生の中の仕事人生」「WorkのなかのJob」それぞれの内容とウエートについて、その人なりによい状態を考え、実現していくことといえます。

**　よいバランスにするといっても、それは一人の力では難しいのではないですか。**

　もちろんそうです。パートナーや職場の上司や同僚との協力関係は不可欠です。その内容とウエートは人によりさまざまで、モデルケースがあるわけではありません。ましてやベストなバランスが決まっているわけでもありません。自分はどうありたいかを考えておく必要がありますね。そして、関係者も含めてお互いのワークライフバランスについて、共有し、尊重し合えるようにしておくのが望ましいですね。

**　そんなにうまくいくでしょうか？**

　協力関係なのですから、何もしなくてもうまくいくわけではありません。お互いが知恵をもち寄り、力を注ぐことが不可欠です。自分の考えを丁寧に伝えてわかってもらうということも大切ですし、相手の考えに耳を傾けるということも欠かせません。
　パートナーにとっては、自分の生き方、働き方にもかかわります。具体的には、家

事や育児にどのように参加するかということですが、そもそもパートナーが、家事や育児にどれほどの意味・意義を感じているかということもあります。そうした点については、2人の間できちんと話し合われているとよいですね。

2. 人生の先輩に尋ねてみよう

　ほかのワークでもそうですが、OBやOGをはじめ、アルバイト先やインターンシップ先の人、お父さんやお母さんや親戚、そしてワーク5「出会い」で挙げた印象に残っている人の見方や考え方を聞いてみることは、自分のキャリアを考える上で大いに参考になります。

　たとえば前の作業のコラムで「内的キャリア」という考え方を紹介しましたが、これについて、どのような考え方を持っているのでしょうか？　内的キャリアについてどんな説明をしてくれるでしょうか？　どんなときに自身の内的キャリアを実感するのでしょう？　興味が湧きませんか？

「仕事でおもしろいなぁ、やったなぁと感じるのはどんなときですか？」
「やりがいや働きがいを感じるのはどのような場面ですか？」
　こうしたことを尋ねてみてはどうでしょう？

　しかし、面と向かって聞くのはなかなか難しいかもしれませんね。それに聞かれた方も急には答えられないかもしれません。普段から意識している方でも、いざそれを人に説明しようとすると「ちょっと整理してからでないと」と思うものです。なにせ内的なもの、自分の価値観や感情に関わるものですから。

　そんなとき、このワークブックの「考えるシート」が役に立ちます。話す方も、題材があると話しやすいからです。このワーク7であれば、右側部分は実際に働いている人に書いてもらい、説明してもらうと、より実感を得られると思います。社会人経験の長さや仕事内容、性別や年齢が異なる人に聞いてみると千差万別でおもしろいですよ。

　「考えるシート」を見せて答えてもらうという方法ではなく、まず自分でいったんやってみて、「わたしはこのように考えています」と説明してみるのも一つの方法です。プライベートな内容も含まれますから、年齢の近いOBやOGに会う時やざっくばらんに話せる相手の時に試してみてください。

　ただ、この方法の場合、あなたの説明を聞いて「いや、それはおかしいだろう」とか「そこは…と考えるべきだ」と答える人もいるかもしれません。ちょっと耳が痛い感じがしますね。そんなときは一つの意見として参考にしましょう。最終的に決めるのはあなたなのですから。

ワーク7　JobとWork／仕事人生と全人生

ヒントシート 7　JobとWork/仕事人生と全人生

〈マイ・キャリア演習帳18〜19ページ〉

検討してみたい人：○○さん

対象者を決めます

この人の
▶Job
- 会社の仕事がJobだと考えればよいでしょう。
- 会社に勤めていないなら、どこから生活の糧を得るかを考えてみましょう。
- そのJobの中身もわかる範囲で書いてみましょう。

▶Work
- Job以外で何らかの組織に属し、その中で一定の役割を担っているものを書きます。ボランティア活動などが代表的です。
- そのWorkの中身もわかる範囲で書いてみましょう。

たとえば

検討してみたい人：たけしおじさん

この人の
▶Job
- 株式会社　竹上電気　西日本営業本部　販売企画
- 販促物を作成しているらしい。
- 出張が多いので大変そう。夏・冬のボーナス時期は、家電店へ手伝いに行くので夏休みがない。

▶Work
- 同窓会の幹事を毎年やっている。

たとえば

検討してみたい人：元カレのAくん

この人の
▶Job
- システムエンジニア
- 入社して3カ月。後悔しているらしく、まじめにやってない。
- 転職の話が多かったなぁ。
- 先のことを考えているとは思えない。別れてよかったかも…。

▶Work
- 小学校の少年サッカーチームのコーチに行っていた。

そして

検討してみたい人：10年後の自分

この人の
▶Job
- 10年後、Jobとしてはどんな仕事をしているでしょうか？
- あるいは、どんな仕事をしていたいですか？

▶Work
- Job以外の活動としてどんなことをやっていそうでしょうか？
- あるいは、やっていたいですか？

JobとWorkのウエートは？　　その理由は？　　仕事人生のウエートは？

Work / Job
%

円の大きさと数字で表してみましょう。

理由
%を記入した理由をメモしてみましょう。

全人生 / 仕事人生

Jobを含んだWorkで考えてください。

Work / Job 90%

理由
・毎日残業しているし、夏休みも仕事だから、Jobではない部分って、あまり聞かない。同窓会の幹事も居酒屋の予約だけ…。

全人生 / 仕事人生

Work / Job 20%

理由
・サッカーのコーチをしているときだけ生きいきしている。
・仕事つまらなそうだし…。

全人生 / 仕事人生

Work

会社の仕事のウエートはどのくらい？

理由

時間の長さだけでなく、重要さ、関心の強さで考えてみましょう。

全人生

仕事人生をどのくらいのウエートにしたいですか？

ワーク **7** JobとWork／仕事人生と全人生

column NPOで働くということ

■NPOって何？

　NPOとは特定非営利活動法人のことを指します。普通の会社（多くの場合は株式会社）は、利益を出して出資者（株主）にその利益を還元することを目的としています。NPOはそのような利益配分を行わないことに特色があります。出資者もそのような利益配分を期待しないので、「非営利」と呼ばれるのです。

　アメリカでは古くから活用されていましたが、日本でNPOが法的に認められたのは1998年のことです。「非営利」という言葉のイメージからか、NPOの事業は損益よりも社会貢献重視でボランティアがやっているのだから提供するサービスの対価は安価なものと考えられる傾向があります。

　一方で、NPOに参画する人の中にも、善意でやっているのだからそれほど責任を担うことはできないとか、都合のよいときしかできないとか、おもしろそうなところは引き受けるけれど、たとえば事務作業のようなものはやりたくないから引き受けない、という傾向が少なからずあります。

　NPOの活動領域は増えてきました。たとえば、1999年にノーベル平和賞を受賞した「国境なき医師団」の日本支部のようなNPOも出てきました。このNPOは、天災、人災、武力紛争の被災者に対し、人種、宗教、信条、政治的なかかわりを超えて差別することなく援助を提供することを目的としています。

　NPOであっても専門性は要求されますし、社会からの要請に応えて事業を継続するためにも、活動を支える収益をあげなければなりません。そのために、責任をもったスタッフが組織を維持していくことも必要になります。NPO先進国では当たり前のこうしたことが、日本のNPOでも必要になってきているのです。

■NPOでの仕事は、Job？ Work？

　NPOの活動は、日本人の仕事のイメージを変えていくかもしれません。NPOでの仕事を無償奉仕ではなく、「Job」とする人も出てくるでしょう。そのNPOが提供するサービスにおいては、専門的な能力をもつ人が専業で従事していないとNPOの活動自体が成り立たなくなってしまうからです。当然、その専門性や貢献に見合った報酬を支払うことが必要です。

　一方で、これまでのとおり、JobではなくてWorkの一部としてNPOに関わる人もいます。結果として、Jobとして働く人とWorkとして働く人が混在することになります。仕事といえば会社の仕事であり、全員がJobであるという普通の会社とは違って、働くことの意味や意義、求めるものが異なっている者同士が協働していくことになります。組織のあり方が変わっていきそうです。

■NPOが仕事人生を変える？

　他方、NPOの発達は、仕事人生に柔軟性をもたせることにもつながります。これまでは、Jobがつまらなければ仕事人生もつまらないものになりがちでした。しかし、これからは、NPOをはじめとするWorkにも目を向けることで、あるときにはJobに、そしてあるときはWorkに力点をおくというように、柔軟な仕事人生の展開もあるでしょう。

　かつてバブルが崩壊したころ、Jobを失うことで自分までも見失ってしまう会社員が後を絶ちませんでした。Job＝仕事であるだけでなく、仕事人生＝全人生、つまり人生のほとんどをJobが占めていたからです。

　なかには、もしJobを失うようなことがあっては、職だけではなく人生そのものを失うような気がして、法令に反しているとわかっていても、「仕事だから仕方がない」と自分に言い聞かせて、組織ぐるみの不当な行為に加担してしまうという現象もありました。

　Job＝仕事人生＝全人生という生き方が、いけないというわけではありません。ただ、Jobに振り回されすぎる人生というのが、けっして当たり前のことではないのだということに気がついておくことは必要です。

ワーク 8 ライフロール

❶ 作業の進め方 〈マイ・キャリア演習帳21ページ〜24ページ〉

1. たとえばこんな役柄がある

ワーク6「人生線分析」では、これまでたどってきた道を振り返ってみました。振り返ってみると、ずっといまのような「学生」だったのではないようです。

実は、わたしたちは、社会や家庭の中でいろんな役割を持っています。人生という劇場の中で、社会や家庭という場面ごとにいろんな役柄を演じているともいえるでしょう。そうした役柄のことを「ライフロール」といいます。

● ライフロールの内容 ●

役柄	説明
子ども	親に育てられている。面倒を見てもらっている。あるいは子どもとして親の面倒を見ている。
学生	学校に通って学習をしている。義務教育やそれに続く専門教育、高等教育も含む。学校だけでなく、技術やスキル、語学力を獲得するために教育・研修施設に通ったり、通信教育を受けるというのも含める。
余暇人	自分の興味や関心を満たす時間、期間。一人で趣味やレジャーを楽しんだり、サークルやバンドなどで仲間とすごしたりしている。
市民	地域や社会から要請されている役割を担っている。周りから割り当てられることもあるだろうし、自発的に地域活動や社会活動などに参加するものも含む。
働く人	会社などで仕事をしている(どちらかというとJobの部分)。あるいは仕事を得るための活動をしている。
家庭人	配偶者とともに、あるいは単身で家庭を築き、それを維持する活動。親として子どもを育てること。住居を維持することも含む。

2. 役柄は複数あり、時期によって変わっていく

ライフロールは同時に複数を担うことがあります。

たとえば、両親と同居していて、アルバイトをしながら学校に通っている人を考えてみましょう。少なくとも「子ども」「働く人」「学生」の役柄を担っていることになりま

す。もし、結婚したり、独り暮らしを始めたら、「家庭人」の役柄が増えるでしょう。

　子どもが小学校に入ると、PTAの役員を頼まれるかもしれません。これは社会や地域への貢献活動ですから、「市民」としての役柄になりますね。

　このように、これからもわたしたちはいろんな役柄を同時並行的に担い、演じていくでしょう。ただ、力の入れ方、時間のかけ方は一定ではなく、時期によって変わります。また、当然、人によって担っている役柄は違いますし、その力の入れようもさまざまです。

　ここではあなたの過去から将来にかけて、どんな役柄があったのか、あるのか、そのウエートはどうなるのかを考えてみましょう。

3. いまのあなたの役柄は？〈マイ・キャリア演習帳21ページ〉

　まず、いまのあなたのライフロールは、どうなっているでしょうか？　それぞれのライフロールについて思いついた活動を書いてみましょう。また、その配分はどれくらいですか？　全体が100％になるように考えてみてください。

4. これまでと、これからの役柄は？〈マイ・キャリア演習帳22〜23ページ〉

　次に、過去・将来についても、同じように考えてみてください。先のことなんてわからないかもしれませんが、ライフイベントを考えながらいろいろと想像してみるのもいいものです。そのとおりにならなくてもかまわないのですから。

　次に、それぞれのライフロールのウエートについて今後の変化を考えます。増えそうですか？　減りそうですか？　同じですか？　前より多くなりそうであれば上向きの矢印、少なくなりそうなら下向きの矢印、同じなら横向きの矢印を記入してください。

　ライフロールによっては、ゼロというのもあるかもしれません。

ライフイベントの例

- 入学、卒業　　・就職、転職、退職、昇進、Uターン
- 結婚、離婚、出産（出生）
- 子どもの入学・卒業　　・子どもの結婚・出産
- 親の定年、親の転居、親の介護、親の死
- 資格の取得、再就職の準備
- 持ち家の取得　　・○○講座受講、○○チームへの参加

ヒントシート 8　ライフロール

〈マイ・キャリア演習帳22〜23ページ〉

	出生〜小学校	中学校	中学卒業後	ここ数年	現在	20歳代
子ども	父・友和と母・百恵の長男。赤ちゃんのときはこれが100%	衣食住は親の世話になりっぱなし。	家にいる時間は少なくなる。親とはあまり話しもしなかった。	ちょっと親に心配かけた。	17% 自宅通学で、学費も出してもらっている。	→
学生	小学生	中学生 つまらない学校だった。美術はおもしろかった。	高校生 学校は楽しかった。（部活だけ）	ちょっとだけ大学生	40% 2年生。専攻課目の選択は失敗したかも。	↘ もう学生はないな…。
余暇人	いままでで一番自由な時期	だんだん時間がなくなる。	バンド！ 残った時間はバイト！	バンド仲間がいなくなって休止。だから残った時間はバイトばかり。	20% バンド！	↘ バンド！
市民					3% 先月、選挙に行った。	→
働く人			バイト ファミレス。冬場のスキー場にあるファミレスは時給高めで食事つきでgood。	バイト 時間帯責任者を任される。	20% バイト 高校生バイトのまとめ役。店長の信頼は厚い。	↗ エンジニアとして絶対就職する！
家庭人					0%	↗ 夫 20代のうちに結婚しようか…。相手は同じ年がいいな。

	30歳代	40歳代	50歳代	60歳代	70歳代	それから
	↘	↘	↗	↗		
		そろそろ親の面倒を見る？介護というやつ？ ─────────────────→				
	↘	↗	↘			
		会社起こすなら起業塾へ行く？				
	↘	↘	↘	↘	↘	──────→
			50になっても、60になっても、バンド！	でも、落ち着いた時間もいいかな？絵を描いてみる？山歩き？		
	→	↗	↗	↗	↗	↗
		子どもをサッカーチームに入れて、自分も教えに行く。	社長になったら、社会にも貢献しなくては…。			
	↗	↗	↗	↗	↘	
			───→ 社長！ ─────────────→		老後はゆうゆう。いつまで働くかな？	
	自分で会社を起こしてもいいかもしれない。					
	↗	↗	↗	↗	↘	→
	夫兼父親 ─── 子どもが生まれれば父親。できれば早いうちにほしいけど、自由がなくなるかなぁ…。				───────→	

ワーク 8 ライフロール

column 「キャリア」はお互いさま

　ライフロールを書いてみると、自分一人だけで生きてきたのではないなと改めて思います。

　自分のキャリアを考えるには、「まず、自分はどうしたいのか」を考えるようにといわれます。自分の将来のことなので、自分がどうしたいと思っているのかはとても大切だからです。「自分が主役の人生」ということですね。でも、自分がどうしたいのかを考えるだけでうまくいくかというと、そうではないんです。

　いろんな人のお世話になっているんだから感謝しなくちゃ、ということですか？

　それもあります。しかし、それだけでもありません。
　それにつけ加えて、相手の人にも「自分が主役の人生」（その人が主役の人生）があるということを理解する必要があるんです。
　お世話になっている人に感謝するといっても、それだけではあくまでも自分が主役であることには変わりありません。場面によっては、相手が主役で、自分が脇役に徹するよう、意識的に切り換えることも必要なんです。

　主役と脇役の切り換えとは、たとえばどういうことなんでしょうか？

　たとえば、結婚するとパートナーとの関係で、そんな場面が出てくるでしょう。2人とも会社勤めをしていると、家事の分担をどうするかという問題がよく出てきます。
　木曜日はパートナーが保育園に子どもを迎えに行く日だけれど、昨晩の話では今日はスケジュールがとてもきつそうな様子だった。それなら、今日は自分が迎えに行こうと考えるのか、それとも、自分の貴重な時間として予定していたのだから読みたかった本を読もうと考えるのか…。どちらが正しいかは簡単に決められません。ただ、相手のことも尊重して脇役行動を取ることがあってもよいでしょう。
　パートナーの一方に勤務地の変更をともなう異動があって、どちらかがいまの仕事を辞めないといけなくなったときなどは、主役と脇役の切り換えがさらに大きな問題となるでしょう。

　なるほど～。それは悩ましいですねぇ。でも、いつも相手を尊重してあげればいいんじゃないですか？　恩に着せられるし。

　いつも相手を尊重しているのでは、自分が主役でいるときがなくなってしまいます。意識して切り換えるところが大切なんです。それに、恩に着せたつもりでも、相手にそれが伝わっていないと、それが当たり前だと思われているかもしれませんよ。
　主役ばかりでもなく、脇役ばかりでもない。自分の考えを伝え、相手の考えも聞きながら、意識して切り換えることが大切なのです。

何だか面倒そうですね。いちいち考えなければいけないなんて・・・。

面倒かもしれません。しかし、そうして考えて、伝え合うことが大切なんです。
しかも、この主役と脇役の意識的な切り換えは、個人と個人の間だけでなく、個人と組織との関係でも出てくることなんですよ。

個人と組織、つまり、自分と会社との関係でも主役と脇役があるんですか?

会社が一方的に仕事を決めたり、勤務場所を決めたりするというなら、「いつでも会社が主役」ということです。それに対して、自分はその仕事はやりたくない、その勤務場所はいやだと、自分の考えを押し通したり、思うとおりにいかないのなら会社を辞めるということを繰り返すなら、「いつでも個人が主役」の状態です。会社は自分のスキルを磨く場と割り切って職場を転々とするというのも、一方的に個人が主役の人生展開をしているといえます。
いずれにしても、どちらかだけだと個人と組織の関係は破綻(はたん)してしまうでしょう。

それを意識的に切り換えるとは、どうすることなんでしょうか? やりたいことをやっていくのが、自分らしく生きていくということなのではないのですか?

たとえば、「会社の意図もわかるけれど、どうしてもこの仕事はやりたい。この仕事をしたいからこの会社に入ったんだ」というようなことがありますね。そんなときには、やはりきちんと自分の考えを主張したいものです。
しかし、何が何でも、常に思いどおりでなければ我慢できないというのは疑問です。会社にしてみれば、環境の変化に対応して事業を進めていくために、個人の希望とは別に優先させなければならないことが出てきます。
また、みんなで分担して仕事をするのは、そのほうが効率がよいからであり、そのためには一定のルールが必要になってきます。一人ひとりの考えを尊重したくても、いつも全員のことを尊重できるわけではありません。
「会社」といっても、そこにいるのは一人ひとりの個人です。いつでもどこでも自分が主役でないと我慢できないというのは、職場のほかのメンバーに脇役を強いるということです。それでは自己中心的すぎるでしょう。

なかなか難しそうですね。何をよりどころに考えればよいのでしょうか?

譲れるところと譲れないところがわかっていることが必要でしょうね。
つまり、自分が本音のところで何を大切にしたいのかがわかっているということです。ここまでの説明でいうなら、自分にとっての内的キャリアなどがその手がかりになると思いますよ。

ワーク 8 ライフロール

ワーク9 キャリアアンカー

❶ 作業の進め方 〈マイ・キャリア演習帳25ページ、26ページ〉

次はキャリアアンカーについて考えてみましょう。

人生は航海にたとえられることがよくありますが、キャリアも仕事人生という航路のようなものといってよいかもしれません。

キャリアアンカーのアンカーとは、船の錨(いかり)を指します。船は錨を下ろすと船体が安定します。これと同じように、仕事人生上の錨、つまり「キャリアアンカー」がはっきりすると、働くうえで気持ちも落ち着いてきます。あなたにとってのアンカーは何でしょうか？ それを探ってみましょう。

この後に、8人の人がそれぞれ自分の考え方を述べています。あなたはどの人に一番共感できそうでしょうか？ それはどんなところでしょうか？ 自分とは違うなと思う人はいますか？ それはどんなところが違うと感じるのでしょうか？

まず、8人の考え方を読みながら、なるほど、そうだと思うところに線を引いてみてください。それがすんでから、マイ・キャリア演習帳の「考えるシート」に進んでください。

専門志向の高岡ふみさん

わたしは自分が「これだ」と思っている分野で、そのスペシャリティ（専門性）が評価されるような仕事をしていきたいと思います。だから、その領域での知識やスキルが獲得できるような職場が理想ですし、教育や研修をしっかりとやってくれるようなところがいいですね。まぁ、そういうのがなくても、自分で獲得しようと思いますが…。

ほかの部門への異動があってもよいとは思いますが、あくまでもそこでの経験が自分の専門性を高めることに役立つという場合だけですね。「このことなら高岡さんに聞いて」と、社内だけでなく社外からも認められるようになりたいです。

マネジメント志向の後藤みずきさん

　わたしはできるだけ上位のポジションについて業績をあげ、組織に貢献していきたいと思っています。あまり長い期間同じ部署にいるのではなく、いろんな部署で多様な経験をし、マネジメントをやっていくための知識を蓄えていきたいと思います。会社の中のことがいろいろとわかってなければいけませんからね。いろんな構想を考えたり、戦略を練ったりしながら、部下を使ってより大きな成果をあげて上司に認められ、そうして昇進することが、おもしろい仕事を担当できるようになることの秘訣だと思います。
　組織に迎合するわけではありませんが、おもしろい仕事をしようとするなら組織をうまく使ったほうがよいし、そのためにはより高いポジションにいることがポイントなのです。

自由さを求める渥美うららさん

　わたしは自分のペースで仕事を進めるということにこだわっていきたいと思います。ルールや慣例でやり方が決まっている仕事、一定の枠で縛られるような仕事はやりたくないですね。人にはそれぞれの進め方があると思うのです。だから、どんな仕事であっても、自分で方法や段取り、時間配分などを決めていきたいと思います。初めから全部自分で決めるというのは無理かもしれませんが、少しずつでも信頼を得ながら自分で決められる範囲を広げていきたいと思います。
　「あなたのやり方でやっていいからね」と言われることが、ある意味でわたしを評価してくれているということだと思います。逆に、何もかも決められたとおりにしかできないような仕事やそうした職場だったら務まらないかもしれませんね。

安定志向の沢口えりかさん

　わたしは手慣れた仕事をやっていくことが好きです。初めと終わりがきちんとしていて、パターン化されている仕事がやりやすくてよいと思います。大小にかかわらず、常に変化しているような仕事は落ち着かないと思いますし、いろんな仕事をすることで経験を積むよりは、慣れた仕事をしていくほうが確実でよいと思うのです。そのほうが組織への思い入れも増すと思いませんか？
　かといって、保守的であるとか引っ込み思案であるというわけではありませんよ。どうしても必要であれば、異動や転勤にも応じます。安定した環境でじっくり仕事をしていきたいということなんですよ。

創業志向の遠藤ちなみさん

　わたしはリスクがあってもチャンスがあれば自分で会社を起こしたいと思っています。会社でなくても、自分の事業や自分の店でもかまいません。あるいは、会社の中でプロジェクトを立ち上げたり、新事業を担当するというのでもかまいません。自分でつくり上げていくのが楽しいんです。何かを創り出す、生み出すというと、ワクワクしちゃうんです。そうして、自分が生んだ事業やプロジェクト、あるいは商品をできるだけ多くの人に理解してもらいたい、世の中に受け入れてもらってビジネスとして成り立たせていきたいと思います。

　そのためであれば、多少不自由な時期があったり、自分らしくないときがあってもかまわないと思います。わたしが生み出したものが世間から広く認められたとき、そんなものはどこかへ吹き飛んでしまっていると思うのです。

奉仕・貢献志向の坂本びおらさん

　わたしにとっては、誰かのため、何かのために役立っているということを実感できることが大切です。この仕事をすることがお客さまや関係する人のためになっているだとか、あるいは社会のためになっている、あるいはその活動をしている組織の維持・発展に貢献できているような感じがするだとか ── そういった自分が役に立っているという感じが、働くうえではとても大切なんです。

　ただ、いくら社会や人の役立っているものでも、自分の価値観に合わないものに対してはあまり興味がわきません。こうした仕事をしていてうれしいのは、もちろん役に立った、貢献したという実感が得られるときですが、志や価値観、考え方が同じ人からほめられたときにも充実感が得られます。

チャレンジしたい千代田えみさん

　わたしが燃えるのは、何か具体的なテーマで、ちょっと難しいような目標に向かっているときです。手ごわい相手に勝つこと、何かを完成させること、難しい課題に取り組むこと ── こうした、ほかの人にはできないかもしれないものや、新しい方法や新しい商品づくりに取り組んでいくことが大好きです。

　ただ、達成してしまったり、できあがったりすると、ちょっと興味が失せてしまうところがあります。なぜなら、わたしにとっては何かを達成するということが大切なのです。達成した後で、それをメンテナンスし、維持していくのは、趣味じゃないです。それよりも次の新たな課題にチャレンジするほうが、おもしろいし、ワクワクします。

ライフバランスを保ちたい龍崎さゆりさん

　わたしにとっては仕事も大切なのですが、仕事一辺倒、仕事ばかりというのは性に合いません。というのは、わたしにとっては仕事と同様に、趣味や読書といった自分のための時間も大切にしたいし、将来、家族を持つようになれば家族との時間も大切にしたいと思っているからです。仕事の時間も自分の時間も、家族との時間も同じように大切なんです。これらのバランスをうまく保っていたいと思います。そうなるように、時には仕事の面でも無理はしますし、自分の時間を家族のために割くこともするでしょう。そのあたりは、柔軟に対応していけると思います。

　ただ、会社が一方的に仕事へ注力することを求めるようなことがあれば、その組織から離れることを考えるかもしれません。

column　アセスメントをうまく使いこなそう

　就職活動をしていると、職業興味検査や性格検査などいろいろなアセスメントを受ける機会がありますね。これらのアセスメントを受けたときに注意しなければならないことが1つあります。それは、アセスメントの結果に自分を合わせようとしないことです。

　グループワークで出会った学生が「○○テストでシステムエンジニアって出たんですよ。で、それもありかなと思っているんですけれど、どう思いますか？」と言うのです。グループワークで話したときのイメージに対して、システムエンジニアという職業の印象がかなり唐突でしたので、その仕事のことを知っているかどうか聞いてみると、これから調べるとのことでした。その場は、参考として以前勤めていたソフトウエア開発の会社のことを伝えて別れました。

　このように、アセスメントを受けたことをきっかけにして、これまで知らなかった職業にも興味をもつのは大切なことです。

　ところが、特にやりたいかわからないけれど、アセスメントでそういう結果が出たのだから、きっとそれがいいに違いないと考える人も少なくありません。確かにアセスメントは、受けた人自身の考えや思い、価値観などが結果に表れます。しかしだからといって、結果がそのまま絶対というわけではありません。結果は、あくまでも1つの手がかりです。

　「自分がやりたい仕事が適職になっていてよかった」「思っていたとおりの結果でつまらない」など、結果に一喜一憂しないで、その仕事についてどう思うのか、じっくり考えましょう。

ヒントシート 9　キャリアアンカー

〈マイ・キャリア演習帳25ページ〉

○もっとも共感できた人は誰ですか？

その人のどこに共感しましたか？　なるほどと思って線を引いたところの単語や文章を転記してみましょう。

その人と仕事をするなら、どんな仕事をしたいですか？　仕事の内容だけでなく、仕事の進め方や職場の雰囲気などについても記入してください。

名前	8人のうちから選んだ人の名前を書いてください。
共感できたところ	線を引いたところを中心に抜き書きします。 単語でもよいですし、文章でもよいです。 そのまま書いてもよいですし、要約してもよいです。
一緒に仕事をするならどんなふうに？	職業名でも職務名でもかまいません。 具体的な仕事の内容でもいいですし、雰囲気でもいいです。 仕事以外の時間を含めた働き方でもいいですよ。 何か、具体的なイメージにしてみてください。

○2番目に共感できた人は誰ですか？

先ほどと同じように考えてみてください。もっとも共感できた人を一人に絞り込めないときは、この欄も含めて「もっとも共感できた人」にしてもかまいません。

名前	
共感できたところ	
一緒に仕事をするならどんなふうに	

○この人とは遠い感じがするな、違っているなと感じた人は誰ですか？

どのあたりにそう感じたのでしょうか？

名前	
違うなと感じたところ	違うなと感じた理由を抜き書きします。 単語でもよいですし、文章でもよいです。

❷ ちょっとした解説

　初めに紹介したように、自分のキャリアアンカー、つまり、仕事をするうえで大事にしたいことがわかると、気持ちが落ち着いていられます。ワクワクして仕事を進められるのも、何だかおもしろくないなぁと思うのも、自分のキャリアアンカーに響く仕事なのかそうではないのかということかもしれません。

1. キャリアアンカーは手がかり

　キャリアアンカーという考え方を提唱したE. H. シャイン（Schein）は、アンカーは仕事を経験するうちにより明確になり、そのうち1つに定まるとしています。ですから、学生や働き始めてまだ数年の人は、いまの時点では「これがそうだ」と確信をもって言えるほどアンカーが明らかになっている必要はありません。むしろ、これから働くということに関連して、おもしろかったり夢中になったりする中で、もしくは、つまらなかったり苦痛に感じたりする中で、どうしてそのように感じるのかを考える時に、このキャリアアンカーという考え方を使ってみてほしいのです。

　おもしろければ、やりがいを感じているんだからそれでよいではないか？　逆に、おもしろくないと感じているのになぜわざわざ分析しないといけないのか？　と思うかもしれません。でも、おもしろい・つまらないという体験を、「何となく」ですまさないでほしいのです。できるだけ明確化、言語化してみてください。言語化することで、「わたしはこんなところにやりがいを感じるんですよ」とほかの人に伝えられるようになります。そうすると、何かのきっかけで、「そういえば、彼／彼女はこういう仕事に向きそうだな」と思い起こしてもらえます。逆に、「わたしは、こんなことにはあまり関心がないんですよ」と伝えていれば、その仕事を任せることがよい経験になるといったような特段の理由がない限りは、わざわざ担当させようとはしないでしょう。

　8つのカテゴリーの中で、自分がどれに該当するかを確定することに意味があるわけではありません。これまでも取り上げてきた「内的キャリア」を探る手がかりなのです。このカテゴリーがあると考えやすくなりませんか？

2. キャリアアンカーで考えるときの留意点

　内的キャリアと外的キャリアの関係と同様に、キャリアアンカーは特定の職業と結びついているというわけではありません。たとえば、新聞記者という職業でいえば、「社会正義のため、世の中に貢献するため」という点（奉仕・貢献）で満足感を得ている人も、「時間に縛られずに仕事ができるから」という点（自律・独立）に魅力を感じる人

も、「あるテーマを徹底的に追及できる」という点（特定・専門）がよいという人もいます。同じ職業であっても、どこに意味を感じるのか、またその感じ方はさまざまなのです。キャリアアンカーから自分の適職を導き出そうとするのではなくて、まず自分の価値観の落ち着き先を探してみましょう。

キャリアアンカーを分析するには、質問紙に回答していく方法もあります（E. H. シャイン著、金井寿宏訳『キャリア・アンカー　自分のほんとうの価値を発見しよう』（白桃書房）などに収録されています）。こうしたものも手がかりにしてみてください。

❸ キャリアアンカーのさらに詳しい解説

キャリアアンカーの8つのカテゴリーについて、E.H.シャインの考えに沿ってより詳細な説明を掲げておきます。それぞれのカテゴリーについてもっと知りたいという時に利用してください。

1．高岡ふみさん【特定・専門】
専門・職能別コンピタンス（Technical/Functional Competence：TF）

　特定の仕事に対する才能と高い意欲があります。他の分野の仕事に移されると満足感が低下し、本来、自分がコンピタンス（有能さ）を発揮でき、喜びが感じられる分野に戻りたいと思います。自分の技能水準に合った処遇を、社内での序列ではなく、広く社外まで見据えて希望しますが、金銭的処遇がよくなることよりも広く功績が認められることに価値を置きます。上司とはいえ仕事の内容に詳しくないマネジャー層からの評価よりも、同じ領域で活動するプロの同僚からの高い評価を望みます。

2．後藤みずきさん【総合・管理】
全般管理コンピタンス（General Managerial Competence：GM）

　組織の階段を上り、責任ある地位に就き、組織全体の方針を決定し、自分の努力によって組織の成果を左右したいと考えます。部門横断的な知見を活かし、問題を解決する能力、リーダーシップ、メンバーを信頼して責任を引き受ける能力を得て、活かしたいと思います。具体的な業績や成果に関心があり、それらが上位者から認められ、序列、肩書、部下の数、予算の規模がより大きくなることを望み、加えてオフィスでの机の大きさや出張でグリーン車が利用できることなど地位を示すシンボルの獲得も好みます。

3．渥美うららさん【自由・自律】
自律・独立（Autonomy/Independence：AU）

　自分のやり方、自分のペース、自分の納得する仕事の標準を重視し、ごく当たり前の規則や手順、規範であっても束縛されることを好みません。自律的に働けるところに落ち着こうとし、目標が明示されていてそれを成し遂げる手段は一任されるような仕事、自分の専門分野の範囲内で明確に線が引かれた、時間が切ってある仕事を望みます。たとえば、長期勤続を奨励・促進するような組織に縛られる処遇は好みません。より自由度の高い仕事、自律性の幅が広がる状態への昇進を望みます。

4．沢口えりかさん【安全・安定】
保障・安定（Security/Stability：SE）

　安全で確実と感じられ、将来の出来事を予測することができ、しかも、うまくいっていると知りつつゆったりとした気持ちで仕事ができる状態を望みます。長期雇用が前提であれば、担当職務や勤務地が変わることがあっても前向きに受け止め、対処します。着実にできばえの読める仕事、安定した仕事を好みます。また、仕事そのものの性質はもちろん、仕事を取り巻く周囲の状況、作業の条件や福利厚生の改善などに関心が向きます。

5．遠藤ちなみさん【創意・創業】
起業家的創造性（Entrepreneurial Creativity：EC）

　新しい製品やサービスを開発したい、新しい組織や新しい事業を創出したいという欲求が強く、制約や困難を乗り越えてもそれらを試し、実現していきたいと考えます。常に新しい創造に挑戦し続けることに意味を感じ、そうしたことが可能な役割を望みます。創出したものについてはオーナーシップ（主体性）をとりたいと考えます。それにより財を成すことに関心をもち、その製品やサービスが自分とともに世間から広く認められることを求めます。

6．坂本びおらさん【奉仕・貢献】
奉仕・社会貢献（Service/Dedication to a Cause：SV）

　　自分の中心的な価値観を仕事の中で具現化することに意味を感じます。何らかの形で世の中をもっとよくすること、環境問題など社会的な問題を解決したいという欲求にもとづいていて、自分の能力を活かすことや活かせる分野を選ぶよりも、自分の中心的な価値観に沿う方向へ進みたいと考えます。大義のために働き、同じ志や価値観をもつ仲間や上司から認められ、支持されることによって動機づけられます。貢献度によってより影響力のある、自律的な仕事ができる自由な立場へと異動することを好みます。

7．千代田えみさん【挑戦・克服】
純粋な挑戦（Pure Challenge：CE）

　　何ごとにも、あるいは誰にでも打ち勝つことに興味をもちます。不可能と思えるような障害、解決不能と思われている問題を解決すること、手ごわい相手に勝つことを求め、満足感を得ます。仕事を通じて自分を試すことに関心をもつため、上達するに従ってより手ごわい相手、困難な任務に挑んでいくようになります。問題が起こる分野であれば、専門性にはこだわりません。自己を試し、成長する機会を尊重し、仕事状況が変化と挑戦に満ちているという点でマネジャーの仕事に魅力を感じます。

8．龍崎さゆりさん【生活・様式】
生活様式（Lifestyle：LS）

　　個人のニーズ、家族のニーズ、仕事のニーズのバランスをうまくとり、統合する方法を見出し、それを保つことを重視します。組織のために働くことに前向きで柔軟に対処しますが、それによって、たとえば、育児や介護、自分のための充電期間、配偶者のキャリアなどを犠牲にすることは望みません。自分の全人生をどうすごしていくのか、つまり、どこで生活するのか、どのように子どもを育てていくのかといったことについて、家族のニーズが最大限に満たされることを考えます。

注）E.H.シャイン著、二村敏子、三善勝代訳『キャリア・ダイナミクス　キャリアとは、生涯を通しての人間の生き方・表現である。』E.H.シャイン著、金井寿宏訳『キャリア・アンカー　自分のほんとうの価値を発見しよう』（以上、白桃書房）などを参考に、筆者が作成。

column キャリア相談室から① ── 自己PRはこわくない

　就職活動をしていると、「自己PR」を何度も求められます。「いままでもっとも力を入れたことは？」「十年後の将来像は？」といった作文が課されることもあります。この段階で、「わたしには人にPRするほど努力して達成したことがない」「将来のことを聞かれても…」と立ちすくんでしまう人も多いようです。

　逆の立場から考えてみましょう。企業は、高い能力を発揮して、会社に貢献してくれる人材を採用したいと考えるのは当然のことですが、同時に、ほかの社員と仲良くしてほしいとも考えます。ですから、学生の人柄や性格を理解したいのです。性格検査や適性検査で客観性を高める努力もしますが、面接から得られる情報は質・量とも格段に優れていますから、面接には大きな期待が寄せられています。しかし短い時間で、何十年もいっしょに仕事をするかもしれない人の採否を決めなければなりません。人事担当者が採用のプロだとしても、短時間で他人を理解したり、人柄や性格を評価するのは非常に難しいことです。

　そんな人事部の人に、自分に関する情報をできるだけ多く、上手に紹介してあげることが自己PRだと考えたらどうでしょうか？　そうです。人に自慢できることをあれやこれやと並べたてる必要はないのです。

　上手な自己紹介のコツは、状況説明はほどほどにして、エピソードの中であなたがどのように感じたのか、どのような考えにもとづいて行動したのか、どのような姿勢で取り組んだのかを説明することです。準備をするときは、なぜそう感じ、考え、取り組んだのかということを文章や言葉で表現してみましょう。その理由や考え方そのものが、あなたらしさを自然に物語っているのです。何をやったかという面では同じでも、どうしてそうしたか、どう思ったかという点は、人それぞれですからね。あとは、肩の力を抜いて、気負わずに説明してください。そもそもPRの語源はPublic Relations、周囲の人との双方向の関係づくりにあります。面接者とのやりとりの中でお互いの理解を深めあっていくものなんです。

ワーク 10 好きな役割

❶ 作業の進め方 〈マイ・キャリア演習帳27ページ〜29ページ〉

あなたは小学生を対象にしたキャンプの実行委員になりました。何人かのチームで役割を分担して、3泊4日のキャンプを楽しい思い出とともに終わらせたいと思います。

実施にあたって、右のページのような役割分担を決めました。

1. まずやってみたい役割を考える

あなたはどの役割をやりたいですか？ 1〜6の中から第1希望、第2希望、第3希望を選んでください。役割の欄に2つ書いてあるところは、どちらを選んでもかまいません。ただし、組み合わせになっているので、それぞれを別々に選んで希望として表明することはできません。たとえば、第1希望：テント係、第2希望：燃料係という選び方はしないでください。

全員の人が役割を担う必要があるので、必ず3つ選んで順番をつけてください。

3つ選んだら、マイ・キャリア演習帳の「考えるシート」へ「①その役割を選んだ理由、方法」を書いてみましょう。

次に、「②役割を担ったときには、あなたは具体的にはどんな活動をしそうですか？」について、できるだけ具体的に考えて書いてみてください。

さらに、「③その活動をしたとき、どんなことがおもしろそうですか？」──これもできるだけ具体的に書いてみてください。

3つの役割について以上の作業をし終えたら、もう一度、3つの役割を見直して、何か共通点はないかを確認してみてください。

2. インタビューで確かめる

右のページを見せて、友だちや知り合い、あるいは先生に、「あなたならどの役割を選びますか」とたずね、あわせて①〜③の質問をして、マイ・キャリア演習帳の「みんなの好きな役割」に記入してください。

3. グループワークで確かめ合うのもOK

「みんなの好きな役割」のシートを使うのではなく、グループワークで行うこともで

きます。

このときは、次のような手順で行ってください。

1) 第1希望で同じ役割を選んだ人同士で集まってください。
2) その人たちで、①〜③を一人ずつ話してみてください。この時に、まず①について全員が話し、その後②について、そして③についてと進めます。
3) 第1希望のグループは一度解散して、第2希望で同じ役割を選んだ者同士で集まって、同様に①〜③について話してみてください。
4) 第3希望についても、同じ役割を選んだ者同士で集まり、話してみてください。

グループワークがすんだら、感想をまとめておきましょう。

● 役割とその内容 ●

役割	主な内容
①テント・燃料係	【事前】：キャンプ道具がそろっているか、不具合はないかを確認し、必要に応じてメンテナンスをしておく。 【当日】：たき火や炊事に使う薪や小枝を集め、使いやすいように割ったり、切りそろえたりした後、班ごとに分けて配る。また、子どもたちがテントを張ったり、火を起こしたりするのを手伝う。
②調査係	【事前】：キャンプをする場所として、条件に合うところをインターネットなどで調査し、とりまとめておく。 【当日】：翌日のスケジュールづくりに活かせるように、気象情報などを収集し、目安を立てておく。次回のキャンプの参考となるよう、データを取っておく。
③デザイン・音楽係	【事前】：キャンプ参加者を募集するための雰囲気のあるチラシづくりや、当日配付する楽しそうなしおり作りをする。スタッフTシャツのデザインも作成する。 【当日】：キャンプファイヤーや朝夕の集いのときに流す音楽を選択する。最終日に参加者に渡す記念品のデザインも担当する。
④引率・養護係	【事前】：問い合わせへの回答や事前説明会での説明を行う。 【当日】：朝の散歩大会の引率や、森の生き物教室のインストラクター、石や木を使った工作や、食事の調理指導も担当する。気分が悪くなった子、夜眠れない子などの相談対応、救護係となる。
⑤企画・運営係	【事前】：キャンプ全体の企画を立案し、各係やキャンプ場の人などの関係者と調整する。 【当日】：キャンプ全体の運営管理を担当し、朝夕の集いやキャンプファイヤーでは司会進行を担う。班対抗のイベントでは、それぞれの班のまとめ役として子どもたちを助ける。
⑥事務局	【事前】：企画、検討、記録の作成や参加費の入金チェック、経費の出金管理を行う。 【当日】：連絡窓口として本部に詰めておく。貸し出し品の受け渡し管理や当日の現金管理、貴重品の保管を行う。食材など納品業者への対応を行う。

ヒントシート 10 　好きな役割

〈マイ・キャリア演習帳27ページ〉

第1希望の役割	選んだ役割を記入してください。
①その役割を選んだ理由、方法	好きだから選んだとすればどこが好きなのでしょう？どんな作業や場面を想像して選んだのかを考えてみるとよいですね。
②役割を担ったときには、あなたは具体的にはどんな活動をしそうですか？	何が正しいということはありません。思ったことを記入してみてください。①との関連も考えてください。
③その活動をしたとき、どんなことがおもしろそうですか？	読んだ人あるいは聞いた人に伝わるように書いてみましょう。自分の体験をもとにしたものでもよいです。やったことがなければ、想像でもかまいません。

第2希望の役割	
①その役割を選んだ理由、方法	好きだからというのもあるかもしれませんが、これしか選択できそうなものがなかったというのもあるかもしれませんね。
②役割を担ったときには、あなたは具体的にはどんな活動をしそうですか？	
③その活動をしたとき、どんなことがおもしろそうですか？	

第3希望の役割	
①その役割を選んだ理由、方法	第3希望ともなると、ちょっと難しくなるかもしれません。いやな役割を消していくとこれしか残らなかったという場合は、残った理由を考えるということもできます。
②役割を担ったときには、あなたは具体的にはどんな活動をしそうですか？	
③その活動をしたとき、どんなことがおもしろそうですか？	

❷ ちょっとした解説

1. 自分のタイプを探るには？

　6つの役割は、J. L. ホランド（Holland）の職業選択理論を参考に設定したものです。ホランドの考えにもとづくものにVPI職業興味検査（株式会社日本文化科学社）があります。キャリアカウンセリングの場面などでよく用いられています。体験したことのある人もいるのではないでしょうか。

　ホランドは経験をもとに「特定の職業環境にいる人は、類似したパーソナリティ特性とパーソナリティ形成史を示す者が多い」ことに気づき、次のように考えました。

① 人間のパーソナリティは、現実型、研究型、芸術型、社会型、企業型、慣習型の6つに分けられる。

② 職業の環境も、パーソナリティと同様に現実型、研究型、芸術型、社会型、企業型、慣習型の6つに分けられる。

　つまり、同じパーソナリティタイプの人は、自分のもっている技能や能力が活かされ、自分らしい価値観や態度を表すことができると考えて、同じような職業環境を求める傾向があるということを職業選択に活用したのです。

　そこで、このワークブックでは、現実型、研究型、芸術型、社会型、企業型、慣習型に該当するような6つの役割をつくりました。自分がどの役割を選ぶのかを手がかりにして、自分のパーソナリティや職業興味の方向性を探索してみようというわけです。

　ただし、ここでは「自分がどのタイプかを決めること」を目的としているのではありません。自分がその役割を選んだ理由をほかの人と話し合うことで、自分の好みを確認したり、ほかの人の考え方を取り入れたりすることがねらいです。

　もしも、自分の職業興味をもっと知りたいと思うのであれば、実際にVPI職業興味検査を受検し、専門家からきちんとしたフィードバックをもらってください。

2. 6つのタイプとパーソナリティの特徴

　なお、参考までに、次ページに6つのタイプとそれぞれのパーソナリティの特徴を示します。

● 6つのタイプの特徴 ●

タイプ	特徴
現実型	たとえば、航空機整備員、大工、電気技師などのように、機械や物体を対象とする実際的な仕事を好む。機械を操作したり物を作る能力に恵まれ、パーソナリティは、現実的でねばり強く、実際的で控えめで落ち着いている傾向がある。
研究型	たとえば、生物学者、人類学者、科学者、学芸員などのように探索的、研究的仕事を好む。抽象概念や論理的思考力、数理的能力に恵まれており、パーソナリティは、合理的、分析的で独立心が強く、知的で几帳面で内向的な傾向がある。
芸術型	たとえば、詩人、音楽家、文筆家、俳優などのように、芸術的な仕事を好む。このタイプの人は作文、音楽、美術関係の能力を持ち、独創性や創造力に恵まれる。パーソナリティは繊細で感受性が強く、規則や習慣を重視せず、内向的で衝動的な傾向がある。
社会型	たとえば、教師、カウンセラー、言語治療師などの職業に見られるように、対人的、社会的な仕事を好む。対人接触的、社交的能力を持ち、パーソナリティは協力的で、他人の気持ちに敏感に反応し、洞察力と責任感があって社交的で思いやりがある。
企業型	たとえば、セールス、管理職や起業家、テレビプロデューサーなどのように、企画や組織運営などの仕事を好む。指導力、説得力、表現力に恵まれ、パーソナリティは野心的、支配的であり、積極的で社交性に富む傾向がある。
慣習型	たとえば、公認会計士、公務員、プログラマー、事務員などのように、定まった方式や規則に従い、反復的色彩の濃い仕事を好む。事務処理能力を持ち、パーソナリティは、協調的で、自制心に富み、几帳面で、粘り強く、人の和を重んじる傾向がある。

出典：労働政策研究・研修機構編『VPI職業興味検査手引』雇用問題研究会

column 名は体を表さず？　～再び「内的キャリア」

■おもしろみを感じる点は人それぞれ

　3つの役割を分析してどう感じましたか？
　ほかの人とその役割を選んだ理由やおもしろさを話してみてどうでしたか？
　同じ役割を選んでいても、選んだ理由やその具体的な活動、おもしろいと思うところがまったく異なっているということがありませんでしたか？
　これは、実際の職業においてもあることです。なぜなら、職種名、職業名からイメージする仕事の場面、内容は人によって異なっていることが少なくないからです。

たとえば「営業職」。営業とひと言で呼ばれますが、お得意先を回る「ルート営業」と、新しいお客さまを開拓するために戸別訪問をする「飛び込み営業」と、電話で説明して約束してから訪問する「アポイント営業」などいろいろあります。商品をお客さまに勧めて販売するという点では同じでも、実際にやっていることはまったく異なっています。仕事の名前だけで判断すると誤解したままになってしまいます。

　また、仕事の中身が同じでも、どこにおもしろみを感じるかは、これもまた人によって異なっています。「ルート営業」でも、大きな案件を受注して契約書に印鑑をもらうときの達成感がたまらないという人もいれば、お客さまとじっくりつきあえるのがいいという人もいます。

■自分の内的キャリアを知っておく意味

　おもしろみを感じる点の違いはどこからくるのでしょうか？　それはワーク４「やる気のもとは何？」で解説した「内的キャリア」に起因します。

　実は、職業名や仕事の中身は、「外的キャリア」に属するものなのです。一方、どこにおもしろさを感じるかは、「内的キャリア」の世界です。つまり、同じ仕事（外的キャリア）でも内的キャリアが異なれば、とてもおもしろいと感じる人も、とてもつまらないと感じる人もいるということなのです。

　同じようなことは、ワーク９の「キャリアアンカー」のところでも触れました。同じ仕事であっても、キャリアアンカーが異なるとおもしろさを感じるところや選ぶ理由は違っているのでしたね。キャリアアンカーも自分の内的キャリアを探索する重要な手がかりの１つでした。

　自己分析をするのは、自分の適職は何かを考えたり、面接のときに自分のことをきちんと伝えるための準備であったりするのですが、大切なのは自己分析を通して自分の内的キャリア、つまり自分が仕事についておもしろい、楽しいと感じられるものは何か、言い換えれば「働いていて価値や意味を感じるのはどこなのか」を探すことにあります。

　自分の内的キャリアはどんなものなのかがわかっていると、職種や職業名はもちろんのこと、企業名もあまり問題ではなくなってきます。「これしかだめだ」という思い込みも少なくなり、選択の幅が広がってきます。

　役割について話し合ってみてわかったように、ほかの人の感想はその仕事を理解するうえでとても役に立ちます。その意味では自分は魅力を感じない仕事でも、楽しそうに仕事をしている人を見たら、なぜ楽しいのか聞いてみてはどうでしょう？　いままで気がつかなかったおもしろさが見つかるかもしれません。自分にとっての関心の幅が広がったり、深まったりするきっかけが得られますよ。

ワーク 11 職業マイニング

❶ おもしろい職業を掘り当てよう

　あなたは、世の中にどれくらい仕事があるか知っていますか？　試しに思いつく仕事や職業を書き出してみてください。20個くらいありますか？　50個くらい書ける人もいるかもしれませんね。

　公共職業安定所（ハローワーク）での職業紹介を円滑に行うことを目的に策定されている「厚生労働省編職業分類（第4回改訂）」には、なんと約16,400種の職業が892種類に分類されています。

● 厚生労働省編 職業差分類と職業数 ●

大分類	中分類	小分類	細分類
A．管理的職業	4	6	11
B．専門的・技術的職業	20	93	177
C．事務的職業	7	27	57
D．販売の職業	3	20	50
E．サービスの職業	8	34	67
F．保安の職業	3	8	13
G．農林漁業の職業	3	12	35
H．生産工程の職業	11	105	340
I．輸送・機械運転の職業	5	23	48
J．建設・採掘の職業	5	24	52
K．運搬・清掃・包装等の職業	4	17	42
（計）	73	369	892

　これほどたくさんの職業があるのに、わたしたちはその一部を知っているにすぎません。そして、その知っている限られた職業の中から、これからのキャリアを選択しようとしているといえます。何だか、もったいないような気がしませんか？

　そこで、ここでは、自分の全然知らなかった職業に出会うことを目的とした探索（採

掘）活動をしてみましょう。自分に向いているかどうか、それができるかどうか、なれるかどうかはここでは考えないでおくことにします。

地下に埋まっている資源を探し出す。採掘のことをマイニング（mining）といいます。インターネットから得られるたくさんの職業情報の中から、目的とするデータを採掘してみましょう。「何、この職業？　意外におもしろいかも…」という、お宝データが埋まっているかもしれません。

❷ 作業の進め方　〈マイ・キャリア演習帳30ページ、31ページ〉

①　まず、探索する中分類を決めます。01～78までのうち、自分のラッキーナンバーを２つ決めます。

　　ラッキーナンバーと言われても…と困る人は、学籍番号や電話番号などから２桁とってもよいでしょう。まずは数字を２つ決めてください。

②　次に、探索する小分類を決めます。生まれた日の下１桁を、①で決めたラッキーナンバーの下につけてください。

　　たとえば、ラッキーナンバーが63と08で、15日生まれの人であれば、635と085になります。

③　次に総務省のホームページの中で「日本標準職業分類」を扱っているWebページ（https://www.soumu.go.jp/main_content/000394337.pdf）を利用して、その３桁の数字に該当する小分類コードがついた職業を探索します。なお、73ページに載せた「厚生労働省編職業分類の大・中分類項目表」を使うと、どの大分類に該当するかがわかります。該当するコードがない場合は、その前のコードの職業としてください。

④　職業が見つかったら、さらにその下の細分類にある職業の中から、どれか１つを選んでください。細分類の職業または「該当例」として挙げられている職業の中から１つを選んで、「考えるシート」に転記してください。

⑤　④で転記した職業について、「その職業の内容」と「働く場所」、その職業に就くために、あるいは、その職業をうまくやっていくうえで「必要な知識・資格」を記入してください。当然、まったく知らない職業であることもあります。その場合は、さらにインターネットで検索するなどして調べましょう。なお、「厚生労働省編職業分類」の第４回改訂にあたり調査を行った独立行政法人労働政策研究・研修機構のホームページ（https://www.jil.go.jp/institute/seika/shokugyo/bunrui/index.html）にも、詳しい内容が掲載されています。

ヒントシート 11 職業マイニング

〈マイ・キャリア演習帳30ページ〉

○あなたのラッキーナンバー（1つめ）

探索した小分類のコード _____ ← 分類コードを記入します。

小分類の職業名	小分類に書いてある職業名を転記します。
選んだ職業 （細分類）	細分類、あるいはそのなかにある該当例の中から、おもしろそうなもの、興味深いものを選んでください。
その職業の内容 （具体的に）	選んだ職業の内容を調べて記入します。
働く場所はどんなところですか？	職場の様子や雰囲気を書きます。きっとこうだろうという想像を加えてもかまいません。
どんな知識、資格が必要ですか	その仕事をするのに必要な知識や能力、公的な資格や免許だけでなく、取得しておいた方がよい資格も書いてください。ここも、きっとこんなことを知っているほうがよいだろうというものを加えてもかまいません。

記入例　あなたのラッキーナンバー（1つめ）

探索した小分類のコード　６３５

小分類の職業名	６３５　計量計測機器・光学機械器具検査工
選んだ職業 （細分類）	光学機械器具検査工（レンズ検査工）
その職業の内容 （具体的に）	光学機械器具・時計の製造工程で、測定機器などを用いて、製品の外観・寸法・動作・精度などを検査する。
働く場所はどんなところですか？	カメラのレンズ工場やめがねのレンズ工場 もしかしたら、東京Ｍ市にあるという天体望遠鏡メーカーもここかな？
どんな知識、資格が必要ですか	学歴や資格はいらないけれど、やる気と根気が必要らしい。 材料に関する知識も必要なはず。

● **厚生労働省編職業分類の大・中分類項目表** ●

項目名	項目名
A 管理的職業	F 保安の職業
01 管理的公務員	43 自衛官
02 法人・団体の役員	44 司法警察職員
03 法人・団体の管理職員	45 その他の保安の職業
04 その他の管理的職業	G 農林漁業の職業
B 専門的・技術的職業	46 農業の職業
05 研究者	47 林業の職業
06 農林水産技術者	48 漁業の職業
07 開発技術者	H 生産工程の職業
08 製造技術者	49 生産設備制御・監視の職業（金属材料製造、金属加工、金属溶接・溶断）
09 建築・土木・測量技術者	50 生産設備制御・監視の職業（金属材料製造、金属加工、金属溶接・溶断を除く）
10 情報処理・通信技術者	51 生産設備制御・監視の職業（機械組立）
11 その他の技術者	52 金属材料製造、金属加工、金属溶接・溶断の職業
12 医師、歯科医師、獣医師、薬剤師	54 製品製造・加工処理の職業（金属材料製造、金属加工、金属溶接・溶断を除く）
13 保健師、助産師、看護師	57 機械組立の職業
14 医療技術者	60 機械整備・修理の職業
15 その他の保健医療の職業	61 製品検査の職業（金属材料製造、金属加工、金属溶接・溶断）
16 社会福祉の専門的職業	62 製品検査の職業（金属材料製造、金属加工、金属溶接・溶断を除く）
17 法務の職業	63 機械検査の職業
18 経営・金融・保険の専門的職業	64 生産関連・生産類似の職業
19 教育の職業	I 輸送・機械運転の職業
20 宗教家	65 鉄道運転の職業
21 著述家、記者、編集者	66 自動車運転の職業
22 美術家、デザイナー、写真家、映像撮影者	67 船舶・航空機運転の職業
23 音楽家、舞台芸術家	68 その他の輸送の職業
24 その他の専門的職業	69 定置・建設機械運転の職業
C 事務的職業	J 建設・採掘の職業
25 一般事務の職業	70 建設躯体工事の職業
26 会計事務の職業	71 建設の職業（建設躯体工事の職業を除く）
27 生産関連事務の職業	72 電気工事の職業
28 営業・販売関連事務の職業	73 土木の職業
29 外勤事務の職業	74 採掘の職業
30 運輸・郵便事務の職業	K 運搬・清掃・包装等の職業
31 事務用機器操作の職業	75 運搬の職業
D 販売の職業	76 清掃の職業
32 商品販売の職業	77 包装の職業
33 販売類似の職業	78 その他の運搬・清掃・包装等の職業
34 営業の職業	
E サービスの職業	
35 家庭生活支援サービスの職業	
36 介護サービスの職業	
37 保健医療サービスの職業	
38 生活衛生サービスの職業	
39 飲食物調理の職業	
40 接客・給仕の職業	
41 居住施設・ビル等の管理の職業	
42 その他のサービスの職業	

注）アルファベット大文字は大分類、2桁数字は中分類の項目であることをそれぞれ表しています。

❸ ちょっとした解説

　今回のワークで使った「職業分類表」は、これまでに4回の改訂を経ています。その都度、より使いやすいようにと見直しがされています。たとえば、高齢化にともない介護に関わる仕事が増えてきたので、介護に関連する項目が増えました。また、情報システムの高度化にともない、情報システム担当者に関連する項目が増えています。以前は、「システムエンジニア」「プログラマー」で構成されていたものが、「システムコンサルタント」「ソフトウェア開発技術者」「通信ネットワーク技術者」といったように分類が詳細になっています。一方で、「ワードプロセッサ操作員」といった職業は掲載されなくなっています。職業にも栄枯盛衰があるといえるでしょう（前ページの表で数字が抜けているところがあるのはそうした理由にもよります）。

　社会は、これからもまだまだ変化していきます。いま、わたしたちが目にしている仕事も、いつまでも存在するとは限りません。自分の職業とするかどうかはともかく、世の中にはどんな仕事があるのか、そしてそれはどう変化しているのかという視点で見ておくことも必要です。

　今では考えにくいかもしれませんが、かつては会社に勤めるよりは家業を継ぐのが一般的でした。その時代であれば、同じ「仕事」をずっと続けていくのが標準的だったといえます。その後、終身雇用といわれた時代には、就職したら、営業から製造へといったように「仕事」は変わってもずっと同じ「会社」に勤め続けていくのが標準的でした。そしてこれからは、「仕事」も「会社」も変わり続けるのが標準的という時代になりそうです。このように変化が当たり前の時代においては、今回のワークのように自分で職業を調べる力も求められるようになりますね。

column キャリア相談室から② —— 自己分析で気づいた思い込み

　小学校の教師をめざしているKさんは大学生。そろそろ本格的に就職の準備に入る3年になって、教師のことしか考えていないことが少し不安になり、大学で開催していた自己理解を深めるための「価値観ゲーム」に参加しました。
　このゲームでは、仕事について書かれたいくつかの資料を読んで、自分が大切だなと思う言葉やワクワクする言葉を探すというものです。自分で考えるだけでなく、グループの人と話しながら進めることで、徐々に言葉がわいてきます。Kさんも、日ごろから好きな言葉や、仕事で大事にしたいなと思う言葉を素直に出していきました。すると、最後に、自分が大事だなと思うキーワードがいくつか見えてきました。そのとき、Kさんはあっと思いました。自分は教師をめざしているはずなのに、肝心な「子ども」というキーワードが出ていなかったのです。
　そこで、Kさんは改めて自分の気持ちを見つめました。教師になりたいと思っていままできていたのに、どうして「子ども」が出てこないのだろう？「子どもが大事でない教師」なんて…。あれこれ考えていくうちに、自分は子どもが本当に好きで選んでいたわけではなく、かっこいい教師にあこがれていたことに気づいたのです。
　Kさんが教師になろうと思ったのは、小学4年生のときでした。担任の先生は、ベテランの女性の先生でした。いつも明るい先生で、運動会や遠足のときなどには冗談を言いながらクラスのみんなを励ましてくれたり、学級委員でもあったKさんがうまくクラスをまとめられるようにそっとフォローしてくれたりしました。それまでの一方的な先生とは違って、さりげない心配りに「あんな先生にわたしもなってみたい」と考えたのを思い出しました。
　Kさんは、自分が不安になっていた理由がなんだかはっきりとわかりました。自分はどうやらさっそうとした担任の先生にあこがれたのであって、教師そのものになりたいと思ったわけではなかったのです。
　結局、Kさんはこれがきっかけで教師になるのをやめました。「かっこよく働く」「人にアドバイスして役に立つ」というキーワードをもとに、志望を民間企業に変えてステキな社会人をめざすことにしたら、なんだかすっきりしたようです。

ワーク 12 あなたのカイシャ

❶ 作業の進め方 〈マイ・キャリア演習帳32〜34ページ〉

あなたの周囲の人は、「株式会社」をはじめとする「カイシャ」で働く人が多いですね。

あなたはカイシャというのはどのようなものか知っていますか？

あなたが社長になったとしましょう。カイシャですから、収益をあげなければなりません。そのためには、よい製品やサービスを開発したり、作ったり、お客さまに宣伝したり、販売したりすることが必要です。また、従業員には、働きがいをもって仕事をしてもらえるように福利厚生も整えたいですね。事業を続けていくためには、資金も必要です。こうしたいろいろな機能を効率よく動かしていくために、カイシャはいくつかの部署で分業しています。あなたの思いを実現するために、各部門に具体的な指示を出してみましょう。

「考えるシート」にあなたのカイシャを描いてみます。まず、会社名と事業内容を決めてください。次に、各部署への指示を書きます。シート中には、一般的なカイシャにある部署とおおよその機能が書いてあります。それぞれの部署に対して、どんなことをさせたいかを書いてください。新たに部署を作ってもかまいません。必要ない部署がある場合には、「なし」と書いてください。

ヒントシート 12　わたしのカイシャ

〈マイ・キャリア演習帳32〜33ページ〉

ワーク 12　あなたのカイシャ

仕入・購買
材料や部品、完成品を調達。

製造（工場）
仕入れた材料、部品から製品を製造。システム開発会社では、プログラム作成を製造と呼ぶことも。

生産技術
製造ラインの生産効率、品質、安全性向上のための方策を立案。

商品開発
もっとお客さまに受け入れられる製品、商品、サービスの企画、設計を担当。

宣伝・広告
製品・商品・サービスの認知度を引き上げ、売上アップ、集客を図る。会社そのものの認知度向上も。

販売（営業、店舗）
営業社員あるいは店舗を通じて、お客さまに製品、商品、サービスを提供し、代金を回収。

お客さまセンター
お客さまからの電話を受け付け、各部門へ内容をフィードバック。

情報システム
社内の情報システムの整備、メンテナンス、高度化を提案。

人事・教育
従業員の採用、教育、異動計画の立案。給与計算と支払い。労働組合との調整も行う。

経理・財務
資金の管理、入出金のチェックと決算、納税。経営に必要な会計データを作成。

総務
経営計画づくりと全社的な調整。社屋や工場などの資金管理。株主総会など株主対策。文書管理も行う。

注）部門名とその機能は一般的なものであり、実際にはそれぞれの会社で異なります。

ヒントシート 12　わたしのカイシャ

〈マイ・キャリア演習帳32〜33ページ〉

会社名： うめぼし倶楽部株式会社

事業内容： 『ハイパー梅干しくん』の製造、販売。梅干しダイエットの普及

仕入・購買
材料や部品、完成品を調達。

あなたの指示は？
安価で品質のよい梅を徹底的に探してきてください。
食品は安全性が命ですから、そこは十分注意してください。

製造（工場）
仕入れた材料、部品から製品を製造。システム開発会社ではプログラム作成を製造と呼ぶことも。

あなたの指示は？
品質に注意して、手間暇かけて、お金をかけずにつくりましょう。異物の混入には注意。健康が当社のイメージですから、過労はだめですよ。

生産技術
製造ラインの生産効率、品質、安全性向上のための方策を立案。

あなたの指示は？
売れに売れているので、在庫が足りません。欠品しないよう、どんどん作れるような方法を開発してください。

商品開発
もっとお客さまに受け入れられる製品、商品、サービスの企画、設計を担当。

あなたの指示は？
ダイエット梅干しの次は、IQ梅干しを開発してください。食べると、IQ5ポイントアップというのがいいですね。

宣伝・広告
製品・商品・サービスの認知度を引き上げ、売上アップ、集客を図る。会社そのものの認知度向上も。

あなたの指示は？
健康的なイメージをもっと打ち出せないですか？

販売（営業、店舗）
営業社員あるいは店舗を通じて、お客さまに製品、商品、サービスを提供し、代金を回収。

あなたの指示は？
値引きをして売らないようにしてください。お客さまのところに足を運んで、きちんとニーズを取り込んでください。

お客さまセンター
お客さまからの電話を受け付け、各部門へ内容をフィードバック。

あなたの指示は？
お客さまは神さまです。きちんとご意見をうかがって、関係部門にお客様からのご要望を強く伝えましょう。

情報システム
社内の情報システムの整備、メンテナンス、高度化を提案。

あなたの指示は？
個人情報保護法に対応できるよう、セキュリティー対策を充実させること。

人事・教育
従業員の採用、教育、異動計画の立案。給与計算と支払い。労働組合との調整も行う。

あなたの指示は？
各部門で人材が不足しています。わたしのような優秀な人を採用してください。それから、教育も大切に！

経理・財務
資金の管理、入出金のチェックと決算、納税。経営に必要な会計データを作成。

あなたの指示は？
工場の増強で資金が足りなくなっています。足りなくなる前に注意して、各部門にムダ遣いをさせないように意識させてください。

総　務
経営計画づくりと全社的な調整。社屋や工場などの資金管理。株主総会など株主対策。文書管理も行う。

あなたの指示は？
そろそろ私に秘書をつけてください。社有車が古くなったので替えてほしいです。株主総会の準備はOKですか？

❷ ちょっとした解説

1．就社か就職か？

「職業」選択とはいうものの、多くの人はどこに勤めるか、つまり、「カイシャ」を選んでいるのではないでしょうか？

「一世代上の人たちはそうだったかもしれませんが、わたしたちは違いますよ！『就社』じゃなくて『就職』なんです」

そうそう。そのとおりですね。一昔前は、ともかくどの会社に入るかが大切でした。会社に入った後は定期的な人事異動（ジョブローテーション）があって、異動しているうちにいろいろな部署のことがわかるようになり、自分の会社のことに詳しくなって、ゼネラリスト（複数の分野について一定以上の知識や技術がある人）として成長し、やがては管理職になり…というパターンが典型的でした。しかし、これでは会社の言いなりに動かされているようなもので、幅広く経験できるのはよいけれど、専門性が深められないのではないか、という意見があります。

いろいろな部署を経験することはよくないかというと、あながちそうではありません。特定の部署にずっといると、ほかの部署が何をしているのかがわからないままになってしまうこともあるからです。「総務部門に異動になって、年末調整の金額を計算しているのは税務署の人ではないということを初めて知りました」とか、「工場勤務になって、一つひとつの製品にどれだけ多くの人がかかわっているのかを、実体験として理解できました」ということはよくあります。その意味では、異動を経験することは決してマイナスのことばかりではありません。

2．職業選択は仕事選択？

知っているところしか気がつかないという点では、就職活動をしているときにも同じようなことがあります。

「家族旅行で訪ねたホテルがとてもすばらしくて、スタッフの皆さんがとても楽しそうに働いていたんですよ。急な雨で相談に乗ってもらったら、雨でも楽しめるスポットを教えてくれて、旅行がいっそう楽しくなりました。それがきっかけでホテル業界に入りました」これは人から聞いた話です。数か月の新人研修の後で、総務や経理などの管理部門に配属になったときには、「正直、こんなことをしたくてこのホテルに入ったわけではないのに」と思ったそうです。しばらくは、元の職場で楽しそうに働く同僚がうらやましくて会社に行きたくないなと思う日もあったそうですが、管理部門がしっかりと機能して、はじめてフロントやコンシェルジュなどのスタッフが力を発揮できるのだ

ワーク12 あなたのカイシャ

ということに気づいてからは、改めておもしろさを感じるようになったと話していました。

「この仕事がしたいから」と職業を選び、その仕事にこだわり続けるというキャリア展開もあってよいのですが、思いもよらなかった仕事をやってみることになって、意外にそれがおもしろかったということもあるのです。ですから、少し柔軟に構えているとよいでしょう。

これから就職しようとする人には、厚生労働省のホームページにある「職業能力評価基準」を見てみることがお勧めです。インターネット上に、さまざまな業種の中のいろいろな職種について、具体的にどんな仕事なのかを詳しく記述してあります（https://www.mhlw.go.jp/stf/newpage_04653.html）。ただ、詳しすぎるので、最初は取っつきにくいかもしれません。この中に「業種横断的な事務系職種」というカテゴリーがあります。総務や経理、営業といった、ほとんどの業種を通じて存在するであろう職種がまとめられています。今回のワークを行ううえでも参考になりますから、ここを検索するところから始めるのもよいでしょう。

---

column　先輩に聞く② ―― 本当にやりたかったことは…

■アルバイトで知った会社の実態

就職活動は早い時期に始めました。インターネットの情報や学校に来る求人票の情報で会社訪問をして、マンションなどを販売している不動産会社に内定をもらいました。クラスの中でも早いほうで、まだ活動を続けている友人には、うらやましがられていました。

会社の人から言われて、家の近くの支店で、アルバイトを始めました。アルバイトは平日の夕方から1日と土曜日にしていました。実をいうと、このアルバイトが憂鬱でした。内定が決まったときにはうれしかったのに、アルバイトをしていると嫌なことばかりが目につくようになってきて…。土日が休みじゃないのも嫌だったし、社内の雰囲気も自分に合わない気がするし、部下をどなる上司にも耐えられませんでした。そこそこ有名な会社でしたから、家族も喜んでくれていたのですが、学校を卒業したらこんな会社で働くとしたら自分には耐えられないと思いました。とにかくいやだったので、「土日が休めないと趣味に使う時間がなくなるから」という理由で就職活動を再開しました。もちろん、まだ内定を断っては

いなかったけれど、なんとか他の就職先を見つけなくてはと考えていました。
　あのころは何のために働くのかわからなくなっていたし、何をしたらいいのかもわからず、とにかく活動しなくちゃという気持ちだけだったように思います。

■やりたいことで選んだ就職先
　きっかけは友人との会話でした。「貿易の仕事をするために自分が納得するまで就職活動をする」と話してくれたのは、社会人経験のある年上の同級生でした。彼と話しているうちに、自分が貿易の仕事に興味があったことを思い出しました。最初の就職活動のときには「早く就職先を決めること」が目的になっていて、受験できるところ、条件がよいところを次々に受けていたんですね。それで、内定がもらえたら目標達成で満足していたようです。でも、どこか自分で納得できなくて、いやなところが目についてしまったのかもしれません。

　それから自分でいろいろ調べて、小さい会社ですが貿易会社に就職を決めました。友人からは「面接でとにかく自分がやりたいという気持ちを熱く語れ」というアドバイスをもらい、自分はあまり熱血ではないのですが、がんばって話せたのが良かったと思います。回り道はしましたが、迷って考えたから自分の言葉で話すことができました。

　会社は人数が少ないので残業も多いのですが、自分で決めた仕事なので楽しんでやっています。いまのところ、まだ趣味の釣りに行く時間は取れませんが、今年の夏は泊りがけで行きたいと思っています。

ワーク 13 好き嫌いで選んでみよう

❶ 作業の進め方 〈マイ・キャリア演習帳35ページ〉

　あなたは、会社を選ぶ際に、どんなことを期待しますか。次のページのカードをあなたが大切にしたい順番に並べてみてください。最下段の空欄のカード2枚には、ここにはないけれどあなたが大切にしたい条件を書き加えてみましょう。のり付きの付せん紙に転記した方がやりやすいので試してみてください。

　並べ終えたら、ほかの人の結果と見比べてみましょう。

　さらに、どうしてそのような順序にしたかを、グループワークで話してみましょう。

---

column　キャリア相談室から③ ── 会社選びは五感を使って

　会社選びの段階で立ち止まっている学生を見かけます。

　求人票を見たり、インターネットで会社を調べたり、エントリーしたナビゲーションサイトからのメールを見たりしては、ため息をついて、なかなか行動に移せません。そんな学生に声をかけてみると、「会社がたくさんありすぎて絞りきれない。どの求人票やパンフレットを見ても、だいたい同じようなことが書いてあって選べない…」と言います。インターネットが普及して、学校に集まる求人に加えて、無数の求人案件が世の中にあふれるようになりました。その結果、情報洪水におぼれてしまうのかもしれません。

　そのような学生にお勧めするのは、「ねらいを定める前に、会社のオフィスで行う説明会や職場見学がセットになっている説明会に参加すること」です。なぜなら、そこで得られる情報には、「会社の雰囲気」「経営者や社員の印象」「職場の雰囲気」といった五感を通して感じる情報があるからです。言葉や文字では伝わりきらない印象、もしかしたら第六感もあるかもしれません。これらは、学校やインターネットでは絶対に手に入らない情報だといえます。

　こうしているうちに、求人票や会社パンフレットには記載されていない項目も頭に入れて、希望する会社の優先順位を付ける力が備わってきます。その結果、当初の第1志望を辞退して、第2志望の会社に決める学生もいます。自分の足を使って五感をとぎすませて会社を選ぶ。地道だけれどとても大切なことだと思います。

価値観カード 13　選択の条件

〈マイ・キャリア演習帳35ページ〉

ワーク 13　好き嫌いで選んでみよう

安定している会社	これから伸びそうな会社
給料の良い会社	自分のやりたい仕事（職種）ができる会社
有名な会社	休日、休暇の多い会社
勤務制度、住宅手当など福利厚生の良い会社	転勤のない会社
海外で活躍できそうな会社	いろいろな職種を経験できる会社
自分の能力・専門を活かせる会社	大学・男女差別のない会社
若手が活躍できる会社	事業を多角化している会社
働きがいのある会社	志望業種の会社
親しみのある会社	社風が良い会社
一生続けられる会社	研修制度のしっかりしている会社

● 最下段の空欄のカードには、自分で「これ！」と思うものを書き込んでみましょう。
● のり付き付せん紙に転記した方がやりやすいです。

❷ ちょっとした解説

1. 全体の傾向

次の棒グラフは、株式会社マイナビが、毎年、大学生・大学院生を対象に実施している「マイナビ大学生就職意識調査」の結果です（2015年卒）。

あなたが付けた順番と比較してみてください。どこが違っていますか？ その違いは、あなたなりに大切にしたいところかもしれないですよ。

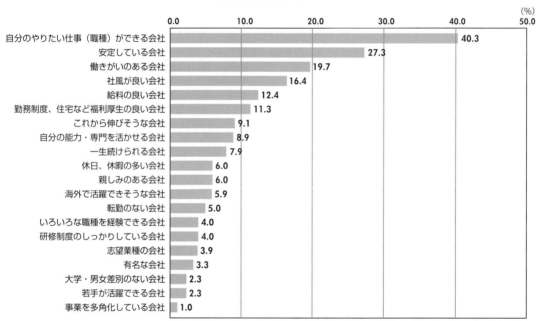

※9,705人が回答、該当するものを2つまで選択
出典：マイナビ「2015年卒マイナビ大学生就職意識調査」より作成

2. 男女、文理別の傾向

また、文系／理系、男子／女子別でも集計されています。それぞれの7位までを示すと、右のページのようになります。文系／理系、男子／女子にかかわらず共通しているところもあれば、それぞれに傾向が表れているところもあるようです。

あなたの考えと比べると、どのような違いがありますか？

❸ アンケート結果の使い方

このワークで見たようなアンケートの結果を活用するときには、いくつかの留意点があります。

まず、アンケートの目的や調査方法をきちんと理解しておくことです。どういった人

● 男女別・文理別の企業選択のポイント ●

	文系男子	理系男子	文系女子	理系女子
1位	自分のやりたい仕事（職種）ができる会社（35.8%）	自分のやりたい仕事（職種）ができる会社（40.3%）	自分のやりたい仕事（職種）ができる会社（43.0%）	自分のやりたい仕事（職種）ができる会社（45.5%）
2位	安定している会社（28.8%）	安定している会社（30.9%）	安定している会社（23.9%）	安定している会社（24.8%）
3位	働きがいのある会社（22.3%）	働きがいのある会社（17.3%）	社風が良い会社（22.6%）	社風が良い会社（20.1%）
4位	給料の良い会社（15.8%）	給料の良い会社（16.7%）	働きがいのある会社（19.8%）	働きがいのある会社（16.8%）
5位	社風が良い会社（12.8%）	自分の能力・専門を活かせる会社（12.3%）	勤務制度、住宅など福利厚生の良い会社（15.5%）	勤務制度、住宅など福利厚生の良い会社（16.6%）
6位	これから伸びそうな会社（10.6%）	これから伸びそうな会社（12.0%）	転勤のない会社（7.6%）／親しみのある会社（7.6%）	自分の能力・専門を活かせる会社（10.9%）
7位	一生続けられる会社（8.5%）	社風が良い会社（11.5%）		給料の良い会社（8.7%）

出典：マイナビ「2015年卒マイナビ大学生就職意識調査」より作成

ワーク13 好き嫌いで選んでみよう

を対象に、どのように調査をしたのかについても注意しておきましょう。たとえば、「高齢者がどれくらいSNSなどのネットワークサービスを利用しているか」を調べるために、インターネットで調査を実施すると、普段からインターネットを利用する人からの回答に絞られるため、偏った結果が出ることが予想されます。

　また、アンケートの結果を自分と比べて見てしまい、違いがあるとためらいを感じたり、逆に、同じだからと安心したりということがありませんか？　この点も気をつけてください。同じ答えの人が多いからといっても、それが当たり前だとか、常識だというわけではありません。全体としての傾向を示しているだけです。むしろ、異なっているという意味で、ある種のユニークさを示しているのかもしれません。

　同じだと当たり前すぎ、常識的すぎるということでもありません。もともと示された選択肢の中から選んで答えるのがアンケートです。人によって、異なる内容を想定しながら選んでいることもあります。選んだ内容をさらに詳しく考えてみてください。たとえば、「安定している会社」とはどんな会社でしょうか？　何が安定しているとよいのでしょうか？　グループワークでもこの点を確認してみてください。

ワーク 14 もっともな、モットー

❶ 作業の進め方 〈マイ・キャリア演習帳36ページ、37ページ〉

ここに20の文章があります。これを読んで、そのとおりだと思うものには◎、そうかもしれないと思うものには○、そうは思わないと思うものに×を付けてください。

● こんな考え方を持っていませんか？ ●

	考えていること	記号
1	やるならパーフェクトでなくちゃ	
2	正直でなくちゃ	
3	自分を変えるためには、その原因を知らなくちゃ	
4	人は第一印象がすべて	
5	見ないふり、気づかないふりをしていれば、そのうち問題は解決している	
6	人生は公平でなくちゃ（不公平なことは許せない）	
7	わたしは直感を信じる	
8	望みは高ければ高いほど力が出るし、結果もよい	
9	ルールを守らなくちゃ	
10	うまくいかないのは、あの人（学校、会社など）のせいだ	
11	人の気持ちを傷つけちゃいけない	
12	感情を出しちゃだめだ	
13	やるなら勝たなきゃ	
14	謙譲は美徳、けっしてめだたないようにしよう	
15	約束はきちんと守らなくちゃ	
16	みんなに好かれたい	
17	本当にわたしのことをわかっているのなら、言わなくってもわかるでしょ	
18	人は感情の生き物だから、感情はどんどん表すべきだ	
19	親を悲しませてはいけない	
20	過去にあんなことがあったので、わたしは（あの人に）もう○○できない	

◎を付けたもののうち特に強く同意するものを上位から3つ（◎が3つ未満の場合は○も含めて）選んで、どんなときにそう思ったか、また、そう思ったことでどのように行動したか、その結果どんな気持ちになったかを、思い出して書いてみましょう。

ヒントシート 14　もっともな、モットー①

〈マイ・キャリア演習帳36ページ〉

番号	1	16	
考えていること	やるならパーフェクトでなくちゃ	みんなに好かれたい	◎（または○）をつけたものから3つ選びます。
どんなときに思いましたか？	エントリーシートを記入しているとき	グループ面接のとき	できるだけ具体的な場面を書いてください。
その考えにもとづいてどのように行動しましたか？	修正液を使わないようにきちんと下書きをして、清書するときには気を張りつめて書いた。	ほかの人の話題に合わせるようにした。	そのときはどうやって対処しましたか？
その結果、どんな気持ちになりましたか？	何回も書き直したのでへとへと。何だか情けなくなってしまった。	なごやかな雰囲気で終わったけれど、これで自分のことを伝えられたのだろうかと何かもやもやした感じ。	多くの場合、もやもやした感じ、ちょっと嫌な気分になっていますね。
新しい考え方は？これからはどのように行動しますか？			この欄は後で記入します。

❷ ちょっとした解説

　わたしたちは多かれ少なかれモットーをもっています。それらは「信条」や「座右の銘」と呼ばれているものでもありますし、「いつもこうしている」「こんなときには、こうすることにしている」といった思考の「パターン」でもあります。中には「習慣」のように意識されていないものもあります。

　これらのモットーは、それ自体はとても説得力のあるものですし、人を元気づけた

り、勇気をわかせたり、チャレンジしようという気にさせたりします。

　ところが、あまりに強く思いこんでしまうと、悩ましいことが起きることがあります。モットーにとらわれすぎて、身動きできなくなったり、気持ちが苦しくなったりすることがあります。先に挙げたモットーがいきすぎた場合、どんな感じになるのでしょうか？　◎を付けたものについて、以下の中から読んでみましょう。

● モットー ～ いきすぎたら？ ●

番号	考えていること	いきすぎた場合と検討のポイント
1	やるならパーフェクトでなくちゃ	いわゆる完璧主義。きちんとできるまで手を抜かないので、へとへとになってしまう。完璧な結果をめざすあまり、プロセスをないがしろにすることもある（100点を取るためには手段を選ばない、約束を守るためにはスピード違反も辞さない、など）。 ▶いつもベストをつくさねばならない、ということはないし、「もっと上を」とあまり完璧をめざすと、とめどなくがんばらなければならなくなる。本当に必要なのはどのくらい？
2	正直でなくちゃ	何でも包み隠さず告げる。相手に対して厳しいことでも告げるので、煙たがられることもある。自分が不利になるようなことでも、言わないからといってとがめられるものではないのに、すべて告げてしまう。 ▶正直なのはよいことだが、何でも本当のことを言えばよいというわけではないし、本当のことを言うことが人を傷つけることにもなる。また、自分のプライバシーを守ることも必要。
3	自分を変えるためには、その原因を知らなくちゃ	この考え方だと、自分がなぜできないのかを分析し、納得できないと何も変えられない。自己分析ばかりを繰り返しても、結局、確信がもてないので進路を固められず、一歩が踏み出せない。 ▶何かを変えようと思ったら、まず何かを始めてみること。過去は変えられないが、現在と将来はいまからでもすぐ変えられる。そのほうが、心理的な成長にもつながる。
4	人は第一印象がすべて	初めて出会ったときの印象の与え方がうまくいかないと、すべてがうまくいかないと思えてしまう。最初の面接が失敗したり、あるいは面接の最初で少しうまくいかなかっただけで、もうだめだと思いこんでしまう。 ▶1回会うだけでその人のことを見抜くのは困難なこと。それほど人間は単純ではないし、見る人の洞察力もそれほど高くはない。本当にその人を理解しようとするならば、何度か会ってみることが必要。
5	見ないふり、気づかないふりをしていれば、そのうち問題は解決している	あわてたり騒いだりしなくても問題が自然に解決することがあるのも事実だが、だからといってすべてのことを放置していると、中には手遅れになってしまうこともある。 ▶問題が存在することを認めるのが、解決の第一歩。難しい問題でも何度もやってみることで、解決力が身につく。まず、事実を見つめよう。

番号	考えていること	いきすぎた場合と検討のポイント
6	人生は公平でなくちゃ（不公平なことは許せない）	フェア（公正）ではないことに腹が立ち、気になって立ち止まったまま、ほかのことができなくなる。不公正をそのつど修正せずにはいられなくて、抗議したり、反論したりしていて、本来の目的を達成できないことになる。 ▶フェアではないことはけっして良いことではないが、それは徐々に変えていくほうが効果的なこともある。フェアな扱いをされなかったことだけでも悪い状況なのに、すぐには実現しにくい主張をして状況をもっと悪くすることはない。
7	わたしは直感を信じる	インスピレーション、ひらめきが有効であることもあるが、「過去の記憶」や「これまでの習慣」にもとづいているだけの場合も多い。直感ということもできるかもしれないが、これまでの経験の延長だったり、思い込みや単なる好き嫌いで判断しているだけだったりすることも多い。 ▶思っていることや感じていることと、実際に起きていることは違っている。事実を確認し、合理的に考えた結果と直感をあわせて考えると、なおいっそういいものになるはず。
8	望みは高ければ高いほど力が出るし、結果もよい	あまりに高い目標を掲げすぎて、うまくいかないことばかりが重なり、気持ちが沈む。それがさらにうまくいかない原因になって、ますますうまくいかなくなってしまう。 ▶自分の能力を向上させるなら、自分にあった目標から着実に伸ばしていくのが、実は早道。その望みは本当に自分が達成したいものなのか、他者からの期待なのかについても確認したい。
9	ルールを守らなくちゃ	守れないルールでも無理に守ろうとしてかえって非効率になったり、逆にルールにないからといって反社会的なことをしても気にしなかったりする。やったほうがよいことでもルールがなければやらないので、チャンスを逃すことも。 ▶原則や指針は必要だが、それに縛られるのは苦しいこともある。特に「〜すべき」は、「〜したほうがよい」「〜してもらいたい」「〜することを期待されている」という意味に読み替えてみる。
10	うまくいかないのは、あの人（学校、会社など）のせいだ	何につけ人のせいにしているだけなので、周囲の人はあなたに責任をとらされないように距離をおくようになる。誰に責任があるのかという論議になってしまい、問題はどこにあるのかという検討がなされず、解決されないままになってしまう。 ▶誰かのせいにしたくなったら、まず自分にもこの問題の責任がないか考えてみる。責任を考える前に、どうすればよくなるのかを考える（「君が鍵を忘れるのがいけないんだ」→「僕たちが鍵を忘れないようにするには、どうしたらよいだろう」）。

ワーク 14 もっともな、モットー

● モットー ～ いきすぎたら？　続き ●

番号	考えていること	いきすぎた場合と検討のポイント
11	人の気持ちを傷つけちゃいけない	その人が傷つくかどうかは言ってみないとわからないのに言わないので、結局は多くのことが言えないままになる。相手が自分のくせや間違った考えに気づくチャンスをなくすことにもなる。「わかっているんだったら、言ってくれればいいじゃない」と、かえって気分を害されたりすることも。言わないでいる本人も、そのうちストレスがたまって一気にまくしたてることになることが多く、状況をこじらせることになる。 ▶大事なことなら、言い方に気をつけながら言ったほうがよい。傷つけるのがいやなら、言わないのではなく、言い方を訓練しよう。また、早めに言うほうが事態は悪化しづらい。
12	感情を出しちゃだめだ	「あの人って、何を考えているのかわからないよね」と言われて、結局、信頼されないままになることも多い。人の会話に「感情」は必須。うれしいのか、うれしくないのかくらいわからないと、相手からすれば人形あるいは機械と話しているようでつまらない。 ▶人と人との会話は、「事実」と「意図」と「感情」で成り立っている。感情の表現がないままでは、事実は理解してもらえるかもしれないが、それについて自分がどう思っているかは理解されない。
13	やるなら勝たなきゃ	勝負にこだわり、徹底的に相手を打ち負かそうとするので、かえって反感を買ったり、わだかまりを残したりする。どうしても勝とうとするので、人を出し抜くような行動をとって信頼を失うこともある。これを友人や家族など親しい人にも向けると、相手の人は大変つらい。 ▶結果だけでなく、そのプロセスで協力しあったり、助けあったりするほうが、信頼感が生まれるし、人間的にも成長できることが多い。
14	謙譲は美徳、けっしてめだたないようにしよう	過度に謙遜すると、かえって傲慢に見える。たとえば、英語がペラペラに話せるのに「いや全然」とか言っていると、実際に話せる場面を見た人が「自分のできるというレベルはとても高いということを示したかったんだな」と反発・誤解されることもある。 ▶自慢しすぎるのは避けたいが、事実を適切に伝えることは必要。自分の能力を伝え、活かしてもらうことは、相手にとってもメリットがあるかもしれないのだから。
15	約束はきちんと守らなくちゃ	状況が変われば守れなくなる約束は現実にある。その場合に必要なのは、守れなくなった後の処理をどうするかということ。さらに無理をして守ってもらって、本人がひどい目にあったり、最後には結局、守れなかったということになると、頼んだ人は頼まないほうがよかったと残念な気持ちになる。かえって信頼を失うこともある。 ▶重大かつ予期しないことがないかぎりは約束は守る。ということは、重大かつ予期しない出来事があったときは守れないのだということをお互いに認識しておこう。

番号	考えていること	いきすぎた場合と検討のポイント
16	みんなに好かれたい	いわゆる八方美人になる。好かれようとするあまり、目の前にいる人のために、自分を欺いたり、いない人のことを悪く言ったりすることになり、結局、誰からも信頼されない結末になる。 ▶誰かから好かれていることで、自分の存在意義を感じようとしないこと。誰もあなたをほめなくても、あなたはあなたとして存在していてOKなのである。それに自分が自分を好きになれないのに、ほかの人が好きになってくれるだろうか？
17	本当にわたしのことをわかっているのなら、言わなくってもわかるでしょ	何を考えているかは、言われなくてはわからないのが通常。相手は、当面はいろいろ心配りをしてくれていても、そのうちいちいち気持ちを推測するのに疲れてしまう。どうせあなたのことはわからないからとあきらめてしまう。 ▶あなたが超能力者であるか、相手が超能力者でもないかぎり、このことは成り立たない。そんなことで、相手の友情や愛情、親切さを量ろうとしないほうがよい。本当にわかってくれているのなら、正直に言ったほうがうまく伝わる。
18	人は感情の生き物だから、感情はどんどん表すべきだ	「自分に正直」と称して、自分の感情をどんどん発すると、周りの人にとっては迷惑であることも少なくない。特に「怒り」を表出されるのは嫌なもの。 ▶自由奔放と、ただのわがままは紙一重。きちんと自分の感情を表すのが、健全なやり方。人と人との会話は「事実」「意図」「感情」から成り立つ。感情だけでは会話にならない。
19	親を悲しませてはいけない	両親に賛成されていることをするほうが、自分も両親もうれしいかもしれないが、誰かのために自分の人生があるわけではなく、結局は自分の人生のシナリオは自分で書くしかない。 ▶親の意思ではなく自分の意思で決めることができないというのは、実は「子どもが自分の意思でものごとを決めることができるようになる」という子育て上の課題を、親がクリアできていないということを証明することになってしまう。これも親の悲しむことではないか？　あなたがきちんと意思決定をすることが親孝行になることもある。
20	過去にあんなことがあったので、わたしは（あの人に）もう○○できない	確かに、ひどい目にあうと、当面、立ち直れないような気分になる。忘れろと言われても、なかなか忘れられない。そこにとらわれていると、何もできなくなってしまう。過去の出来事にとらわれて、何もかもそのせいにしてしまう。周囲からするといくら働きかけてもその人の過去を変えることはできないので、やがてあきらめて離れていく。当人は、これも過去にあんなことがあったからと、過去のせいにしてしまう。 ▶過去はもう変えられないが、そのように思っているのはいま現在のこと。あなたがいまそう思っているかぎりは変わらない。時には過去を思い出すことがあっても、そこに永遠に縛られることはない。

❸ さらに分析しよう

　◎に該当するところを読んでみましたか？　❶にあげたモットーは、それがあなたの生き方を支えてくれているところもあるのですが、このように、強くなりすぎると人生を悩ましいものにする思い込みになってしまいます。では思い込みになってしまいそうなとき、どのように考えを直せばよいのでしょうか？　さらに分析を付け加えてみましょう。

　実際にできるかどうかを考える前に、どんな作戦が使えそうかを考えてください。つい、「そんなこと言ってもできないよ」と思ってしまいますが、そのようにできないと思い込むこと自体が、あなたを縛っているともいえるのです。

ヒントシート 14　もっともな、モットー②
〈マイ・キャリア演習帳36ページ〉

番号	1	16	
考えていること	やるならパーフェクトでなくちゃ	みんなに好かれた〜い	
どんなときに思いましたか？	エントリーシートを記入しているとき	グループ面接のとき	
その考えにもとづいてどのように行動しましたか？	修正液を使わないようにきちんと下書きをして、清書するときには気を張りつめて書いた。	ほかの人の話題に合わせるようにした。	
その結果、どんな気持ちになりましたか？	何回も書き直したのでへとへと。何だか情けなくなってしまった。	なごやかな雰囲気で終わったけれど、これで自分のことを伝えられたのだろうかと何かもやもやした感じ。	
新しい考え方は？これからはどのように行動しますか？	どこまでの範囲なら修正していいのかを聞いておこう。	人と意見が違うということはあっていいのだから、争いにならない程度に自分の意見を言おう。	どんなことができそうでしょうか？解説を参考にしてこれからとってみたい考え方や行動を具体的にしてみましょう。

column 「自動思考回路」にストップを！

なぜ、わたしたちはこのようなモットー、信念をもっているのでしょうか？
それは、人生は意思決定の連続だからです。朝起きて夜眠るまで、実は多くの意思決定をしています。歩き出すときに右足を出すか、左足を出すかといったささいなものから、あの人に告白すべきかどうかといった重大なものまでさまざまです。
重大なものは一所懸命悩みます。そのぶん、重要でないものには考える時間を割けません。無意識に決めて、行動します。この部分が増えるといちいち考えなくてよいので、とても楽です。それがくせや習慣、モットーや信念として現れます。
この場合はこうするという『自動思考回路』がセットされるのです。
この方法には、デメリットもあります。状況をきちんと判断せず、「つい」判断し、実行してしまうからです。朝、家を出るときに母親に名前を呼ばれて、「ちぇっ、また小言か？」と思って、「うっせ～」と言ってしまうのがそれです。聞いてみなければわからないのに。
自分がどんな自動思考回路を持っているのか知っておくことは、自覚的に行動するという意味で大切です。面接などの場面で「つい」をしなくてすみそうですね。

ワーク 15 分析結果の整理

❶ 作業の進め方 〈マイ・キャリア演習帳38ページ、39ページ〉

ここまで行ってきた自己分析作業の結果を整理してみます。

まず、ワーク1から14までで、マイ・キャリア演習帳の「考えるシート」に書き込んだ内容とその後に書いた「振り返りシート」の内容をもう一度確認してみましょう。

初めのほうのワークは、あらためて読むとちょっと違っているとか、書き足りないところがあるかもしれません。その場合には、書き加えてかまいません。ほかの作業をしている間に自己理解が進んで、思い出したり気がついたりすることがあるからです。

見直しをしたら、このワークの「考えるシート」に結果を整理しましょう。

1. まとめ方

① **働くということのイメージ**
・働くということに、どんなイメージをもっていますか？
・生活パターン、時間のすごし方など、行動面にも注目して考えてみましょう。

② **やってみたいこと、関心のあること**
・就職したらどんなことをやってみたいと考えていますか？ 職業や職種、仕事の内容のほか、「こんな感じの働き方」「こんな雰囲気のところで働きたい」という書き方でもかまいません。
・ここでの仕事は、いわゆる会社の仕事（Job）だけではなくて、ワーク7で取り上げたような広い意味での仕事（Work）、つまりボランティア活動や地域活動、友人たちとのサークル的な活動も含めて考えてみましょう。

③ **おもしろいと思っていること、大切にしたい価値観**
・仕事をする、働くという面で、どんなことにおもしろさを感じそうですか？
・仕事をする、働くというときに、何を大切にしたいですか？
・ここでの仕事も、②と同様に広い意味での仕事（Work）で考えてみましょう。

④ **これまでのグループワークで感じた自分の傾向**
・それぞれのワークの後でグループワークをしていた場合、グループワークで感じた自分のコミュニケーション上の特徴はありましたか？

2. まとめるうえでの留意点

ワーク１～14でわかったことだけではなく、これまで感じていたことも記入してください。文章でも箇条書きでもキーワードでもかまいません。きれいにまとめる必要もありません。ただし、後で読み直したときにわかるようにしておきましょう。

クラスで取り組んでいる場合は、個人作業でまとめをした後で、もう一度グループワークをして内容について理解を深めておきましょう。

❷ ちょっとした解説

分析結果をまとめるときに注意したいのが、「表と裏、両面から検討する」ということです。書かれていることを反対から見てみるということです。

たとえば、「積極性に乏しい」と書かれると、ちょっとへこんでしまいますが、これは「慎重である」ということかもしれません。

「意見をはっきり言わない」というのも、「いろいろな状況を考慮して、短絡的な判断をしないようにしている」ということかもしれません。

だまし絵をご存じですか？　右の図は何に見えますか？　黒いところに注意してみるのと白いところに注意してみるのとでは、違った像が見えてきます。見えましたか？

ところが、両方一度に見るのは大変ですよね。どちらか一方の像が見え始めると、もう一方の像を見るのは難しくなってしまいます。

人の個性も同様です。どう見るかによって出てくる像は違ってきます。結果を見て落ち込むのではなく、そこから何を見つけるかということが大切です。

そして先のだまし絵と同じで、別の面を見るのはなかなか難しいもの。だから、人に教えてもらうのです。キャリアに関わる相談をしてくれる相談室やキャリアカウンセラー、あるいは友人に話してみるのは、違った見方を提供してもらうという意味で効果的です。フィードバックや他者の考えを知ることで、見方を広げるグループワークも有効です（ワーク２のコラム「伝えること、受け止めること（ジョハリの窓）」参照）。

●何に見えますか？●

出典：R. N. シェパード著、鈴木光太郎他訳『視覚のトリック』新曜社

ヒントシート 15 分析結果の整理

〈マイ・キャリア演習帳38ページ〉

①働くということのイメージ

> 自分はこんな感じの社会人でいたいということでOKです。どんな場所で、どんな人たちと、どんな状況で仕事をしているのでしょうか？ 周りの雰囲気はどうでしょうか？ そのとおりになるかどうか、いまの段階ではわかりませんが、こうありたいというのをイメージしてみましょう。
> ご家族や知っている人のことを想像しながら書いてみるのもよいでしょう。

②やってみたいこと、関心のあること

> できるだけ具体的に書いてみましょう。どんな職業でしょうか？ 職種は？ 業界は？ 会社の仕事（Job）のことだけでなくてもかまいません。広い意味での仕事（Work）も考えてみましょう。会社の仕事以外の時間は何をしているでしょうか？

③おもしろいと思っていること、大切にしたい価値観

> ワークの中で考えたことのほか、前の①②の項目を参考にしながら、自分が大切にしたいと思っていること、おもしろい・興味があるなと感じていることはどんなことなのか、どんな領域なのかを書いてみましょう。

④これまでのグループワークで感じた自分の傾向

> 何度かやったグループワークの中では、どんなことを感じましたか？ グループワークの中で話したこと、その内容のことでもかまいません。話し方、話すタイミングについてはどうでしたか？

column 先輩に聞く③ —— 3回問い直してわかった「わたしって何だろう」

■自己分析での厳しい問いかけ

就職活動に先立って就職指導の先生から「自己分析」を課されたときは、深く考えもせず質問事項に答えて提出しました。

そうしたら、先生から赤ペンが山のように入ったものが返されたのです。たとえば、「好きな科目とその理由」の質問に、「数学。解き方がわかったときに満足感があるから」と答えた箇所には、「どうして満足感があるのですか」というように。「答えが合っていると爽快感があるから」と書いて再び提出すると、今度は「どうして爽快感があるのですか」と再々度聞かれ、何を求められているのかわからなくなってしまいました。

もっと考えると、わたしは筆者の言いたいことと自分が受けた感じが違っているだけで間違いとされる国語のような学科が、苦手なことに気づきました。数学や物理のように解き方を模索し、コツコツと確実に積み上げるやり方が、自分らしいことを発見したのです。これ以降、自分が書いた答えすべてに対し「それはなぜか」を3回問い直してみました。

その結果、「継続力がある。一度始めたことは結果が出るまでやり遂げる。自分のミスは無視できない。話し上手ではないが人の話をよく聞く。相手のいいところを見つけられる」などの強みと、「他人と自分を比べないで、自分に自信をもつ。もっと視野を広げて何にでもチャレンジする」などの課題を見出すことができました。

■就職活動にこう活かした

就職活動では、セールスポイントの「継続力や意志の強さ」を証明するエピソードを探しました。そして、アルバイトと勉強を両立させるため健康や時間管理を厳しくして資格取得をめざし結果を得たこと、現在は次の目標を設定していることを自己PRにまとめました。

そのうえで、経営環境を常に問い直し、社員教育に力を注いでいる会社の方針に共感したことと、自分の能力を活かしていきたいことを志望動機にして面接に臨みました。

シンプルですが、背伸びしていない、納得のいく自己PRと志望動機ができていたので、自信を持って面接を受けられたと思います。いま振り返ると、「自己分析」で悩んだことがかえって自分に合った仕事を見つける鍵になったと思います。

ワーク 16 なりたい自分（キャリアゴール）

❶ 作業の進め方 〈マイ・キャリア演習帳40ページ、41ページ〉

最終的に、自分はどうなっていたいのでしょうか？

最終的に、なっていたい自分を思い描いてみましょう。最終的というのは、「『仕事人生』の中で自分はここまで行きたいな」「こんな状態になっているといいな」「こういうことはやり遂げておきたいな」ということを指します。どうなれば、自分の仕事人生は満足だったといえるのでしょうか？

多くの人が60歳から70歳くらいのことになるのではないかと思います。しかし、人によっては、もっと早い時期、逆にもっと遅い時期を考えているかもしれません。

将来のことですから、いまの時点ではどうなるかわかりません。わからないけれど「変わってしまうのもあり！」と思って、できるだけ具体的に描いてみます。

1. 最終的になりたい自分

最終的になりたい自分をイメージして記入します。

職種名、職業名でもかまいません。役職でもOKです。

こんな感じで働いているというように、状況や環境を文章で書いてもかまいません。

いま、希望している仕事の延長にあることでもかまいませんし、それとは違っていてもかまいません。「まず営業の仕事をするけれど、将来は貿易の仕事をして世界を周るのだ」でもいいのです。

ここでの仕事は、ワーク7で述べたJob（会社の仕事）の領域でも、さらに広い意味での仕事＝Work（ボランティアや地域活動などを含む仕事）の領域でもかまいません。

1つに限定しなくてもかまいません。2つあるいは3つ取り上げるのもOKです。

主婦（主夫）という仕事も含めて考えてみてもよいでしょう。

2. そこでやっていること

1の自分は何をやっているでしょうか？　どんな役割を担っているのでしょうか？　仕事の内容はどんなことでしょうか？　どんなことをして過ごしているでしょうか？　できるだけ具体的にイメージしてみるといいでしょう。

実際にそうなれるかどうかは別にして、「どうしているか」を書きましょう。

もし、やっていることが具体的にならないのなら、少し調べてみましょう。調べてみると、「これ」というものがみつかることもあります。

3. そうなるために必要な経験、知識、スキル
　2で書いたことをやっているとすれば、どんな経験や知識、スキルが必要でしょうか？　前提として経験しておかなければならない仕事や体験、取得しておきたい資格、備えておきたいスキルはありますか？　思いつく限りリストアップしてみましょう。
　どんなものが必要かわからないなら調べてみましょう。
　どう調べればよいかわからなければ、相談室の先生やキャリアカウンセラーに聞いてみましょう。

❷ ちょっとした解説

　なりたい自分とはあなたにとっての仕事人生上のゴールです。仕事人生上のゴールといわれるとなかなか浮かばなくて困ってしまうという人も多いかもしれませんね。
　そんな先のことはわからないよ！　そりゃそうです。それを言うなら「明日のこともわからない」のです。わからないけれど、書いてみよう！　というのがここでの目的です。書いたらそのとおりにしなければならないということはありません。変わってもOKです。先のことがわからないという不安な気持ちは、いまのイライラ・ドキドキ・ソワソワした感じの原因の1つかもしれません。とりあえず書いてみると、な〜んだと思えることは少なくないのです。まずは、やってみましょう。
　思い浮かばない理由の1つに「1つに絞り込むこと」がありそうです。
　たくさんあって絞り込めないという人もいるでしょう。
　たくさんあるわけではないけれど、「ゴール」「将来」とか、「1つ」「決める」といわれると、それが重荷になって思考が止まってしまうという人もいるでしょう。
　でも、誤解しないでください。キャリアゴールを考えるというのは、1つに決めるということではありません。2つ、3つでもかまいません。つまり、2nd-Best（セカンド）、3rd-Best（サード）もありです。あれも、これもOKです。少し楽になりませんか？
　2nd-Best、3rd-Bestを考えておくことは、ほかにも良いところがあります。実は、それらには共通点があることが多いのです。求められる経験や知識、スキル、あるいはそこに至る道筋、そんなところに重なりがあるのです。どのゴールにも役に立ちそうなことだとわかっていると、取り組む気持ちがより強くなります。
　またBestのキャリアゴールは、いろんな事情でなくなってしまうことがあります。2nd-Best、3rd-Bestを考えていると、そのときにあわてなくてすみますし、ゼロからや

り直しということも少なくなります。こう考えてみると、いろいろ書けそうな、むしろいろいろ書いておいた方がよいような感じがしてきませんか？

　書いてみることで、自分は何がわからないのかがわかる、ということもあります。上手に書こうとか、ほかの人が見てもいいように書こうとかを考える必要はありません。まず書いてみて、それから考えればいいんです。

---

column　先輩に聞く④——62社目につかんだ運命の出会い

■充実した食玩デザインの仕事

　わたしは、都内のデザイン会社に就職して4年目。クライアントの大手玩具メーカーが開発した食玩用のキャラクター商品をデザインしています。食玩はお菓子とセットで販売される小さなオモチャですが、子どもにかぎらず大人にも多くのコレクターがいて、案外広く知られています。

　玩具メーカーは、新しい企画をプレゼンテーションするために、わたしの会社に商品スケッチを依頼します。そして、このデザインを起こす仕事のうち、女の子向け玩具は最近ほとんどわたし一人でこなしている感じです。だいたい週に3～4点の商品を扱いますが、最近は複数の仕事を同時進行できるようになりました。いまは人気商品を扱っているので忙しくてきつさを感じますが、とても充実しています。実は、この会社は、悪戦苦闘の就職活動の末にやっとめぐり合った、わたしにとって運命的とも思える会社なのです。

■失敗の連続だったゲーム制作会社への道

　わたしは、専門学校のCGアニメ科で2年間学んだあと、研究科で1年、合計3年間学びました。授業ではアニメの制作工程をひととおり学習し、ゲーム制作会社のキャラクターデザイナーになることを夢見ていました。でも、いま考えると、就職活動を甘く見ていました。2年生の夏ごろから活動を始めて、そのうちなんとかなるだろうと、のん気に構えていました。

　デザイナーの入社試験は、ポートフォリオというデザイン作品集の審査や、描画試験が中心なので、普通の就職活動とはずいぶん違います。専門学校では、ポートフォリオ充実のために、実習時間がたくさんありました。2年生のときにはゲーム制作会社に的を絞って挑戦しましたが、作品審査で不合格になってしまい、10社ほど受験して面接まで進んだ会社はありませんでした。

もっとスキルを伸ばす必要を感じたのと、就職先が決まらないこともあって研究科に進み、すぐに就職活動を開始（継続？）しました。でも、不合格が続き、悲しくつらいと感じたときもたびたびありました。就職部の先生には、口数が少なくなったわたしをずいぶん励ましていただき、ゲーム制作会社だけではなく、もっと幅広い分野に挑戦するようにアドバイスしてもらいました。最初はあまり乗り気ではなかったのですが、少しずつ挑戦する気になっていきました。いまの会社で内定をいただいたときには、受験した会社数は2年間で合計60社を超えており、季節も就職活動2度めの冬、2月になっていました。ムダになった履歴書は失敗作を含めると数え切れず、もう二度と書きたくないほどです。

■運命的な会社との出会い

　合格の決め手は、手作りカードゲームでした。研究科の卒業課題で制作したものですが、いまの上司がこの作品に目をつけて、採用を決めてくれたそうです。会社に入ると、上司や先輩がとてもいい人ばかりで、1年めからすっかりなじみ、過保護と言われるほどかわいがっていただいています。いま考えると、長くてつらかった就職活動も、この会社と出会うために神さまがくれた試練だったと思えます。就職部の先生からは、必ず認めてくれる会社があるからあきらめるなと何度も励ましてもらいましたが、本当にそのとおりでした。62社といっても、たくさんある会社のうちのたった62社と思えば、少ないとも思えます。そして、この会社との出会いに運命的なものを感じて、いまでは他の会社に勤めることは考えられません。

　食玩マニアのウェブサイトでは、キャラクター商品の評価がされていますが、自分が携わった企画から生まれたキャラクター商品が高い評価を得たときに、良い仕事ができたと感じます。近い将来、自分が企画したオリジナルキャラクターが超人気になることを夢見て、がんばっていきたいと思います。

ワーク 17 キャリアパス

❶ 作業の進め方 〈マイ・キャリア演習帳42ページ、43ページ〉

なりたい自分に向けて進んでいくプロセスのことをキャリアパスといいます。

「『ワーク編』の使い方」のところ（12ページ）で紹介した詩には、「僕の後に道はできる」とありましたが、これから将来に向けて進んでいくかもしれない「みち」、進んでいきたい「みち」がキャリアパスです。キャリアゴールは漠然としていて遠いかもしれませんが、そこに至るまでの道筋を思い描いてみましょう。

① マイ・キャリア演習帳の「考えるシート」には、上から下へ時間の流れを示す矢印が書いてあります。
② 西暦と、そのときの自分の年齢を書き入れましょう。次に、自分にとって節目となりそうな年に、どのようになっていたいかを記入しましょう。
③ このあたりでこんなふうになっていたいというように、幅をもった書き方でもかまいません。
④ 左側が仕事人生の領域、右側が個人生活の領域です。個人生活の領域には「結婚」や「子どもの誕生」、それに両親のことなど、自分や自分の家族に関わることも書いてみましょう。

❷ ちょっとした解説

「長期のキャリアプランを考えることに、何の意味があるんだい？」
「考えてみたってどうせ変わるよ、なにせこれだけ変化の激しい時代だからね」
先のことを考えるということに、否定的な意見は少なくありません。しかし、先のことを考えることは、「備える」という面でとても大きな意味があります。
備えるとは何でしょうか？

1. 支援を得やすい

たとえば、「こうしたいんだよね」ということをほかの人に話します。話していると、ほかの人から「○○したいって言っていたよね。こんな仕事もあるらしいよ」「あの会社ではこんな役割が求められているんだって」という、自分のキャリアを実現するためのヒントや手がかり、きっかけをもらえることがあるのです。漠然としていてもあなた

を取り巻く人たちが将来の方向を知っていると、あなたを支援しやすくなるのです。

2. 偶然を味方につけやすい

また、偶然を自分のものにすることができます。人通りのない道で、バスが通りかかったとしましょう。次はいつ来るかわかりません。どうしますか？ このとき、自分はおおよそどの方向に行きたいかさえわかっていれば、運転手に「このバス、○○方面に行きますか」と聞くことができます。将来のことを考えておくというのは、目の前のチャンスを活かせるかどうかに関わることなのです。

「考えたって仕方がない、人生なんて偶然に左右されるから」という意見はもっともらしいのですが、その偶然を活かせるかどうかは本人のキャリア上の自覚、備えの問題なのです。たとえば、前段の話のように周りの人に方向性を伝えておくという行為は、「これを伝えてあげよう」という「偶然」を起こりやすくしているともいえます。

先のことを考えるのは、偶然をあなたの味方につけるためなのです。

column 先輩に聞く⑤ ── 必要なことが必要なときに起こる

■わたしの後には…

わたしは現在、外資系ホテルの料飲部で働いています。同時に、ソムリエの資格を取るために講座に通っています。振り返ってみると、これまでのわたしの足跡はジグザグしているように見えて、1本の筋が通っているようにも思えます。

■大学での挫折→中退

わたしは大学でドイツ語を専攻していました。しかし、2年になったころから、学校への足が遠のいてしまったのです。すべてに興味が薄れ、なぜ自分がドイツ語を勉強しようとしたのかさえわからなくなっていました。

そのうちに居酒屋でのアルバイトが生活の中心となり、結局、大学は中退してしまいました。気ままなフリーター生活を1年半ほどすごしたころ、自分の人生は居酒屋のウエイターで終わってしまうのかと暗澹とした気持ちになりました。

やっと生活を変えようという気になり、何をやり

たいのか自分に問い直したとき、高校時代に海外で働きたいという夢をもっていたことを思い出しました。それでも、語学を習得するために大学に戻って言語学や文法を勉強する気にはなれませんでした。

そこで、実用的な会話やビジネス英語を学べる専門学校への入学を決心しました。授業はネイティブスピーカーによる英語の授業に加え、貿易実務、ビジネス知識やマナー、パソコンスキルなど、すべて仕事に活かせそうなカリキュラムでした。

■やりたい仕事との出会い

在学中は自分でも驚くほど勉強し、皆勤で通し、ホテルのインターンシップにも参加しました。ホテルへの就職もあるかなと思っていたときに、担任の先生から政府機関による在外公館への派遣の仕事を紹介されたのです。一般常識やロールプレイ、数回の面接を経てなんとか合格し、ミクロネシアにある小さな国に派遣されました。

現地では外交官の補佐的任務を請け負っていましたが、お客さまの送り迎えや接待をはじめ、サービス的な要素がかなりあり、ホテルでの研修がとても役立ちました。日本と現地のためにささやかな貢献ができているという自負もありました。

2年間の任務を終え、しばらく海外旅行を楽しんだ後、また「何をやりたいのか」の自問と向き合うことになりました。そして、選択したのが外資系ホテルへの就職でした。インターンシップのときはベルボーイしか体験できませんでしたから、今度は最高のサービスを修得し、提供する側に立ちたいと思ったのです。

■人生にマイナス要素はない

こうして、いまの自分があるのですが、高校時代に海外で働きたいと思ったこと、大学でのドイツ語の学習に自分で区切りをつけたこと、専門学校で実務的な英語を習得したこと、担任の先生の勧めで在外公館で働いたこと、外資系ホテルで働いていること、偶然も含め、自分に必要なことが起き、それを選択している自分を発見します。

大学を中退したり、フリーターを経験したことさえ、いまの自分には必要なことだったとわかります。行き当たりばったりのようにも見えますが、人生にはマイナス要素はありません。体験から何を学び、いかに次につなげていくかが重要なのではないでしょうか。

「人には必ず必要なときに必要なことが起きる、だからこそいつも準備をしておく必要がある」

これがわたしが生きてきた経験から得た教訓です。

ヒントシート 17 キャリアパス

〈マイ・キャリア演習帳42ページ〉

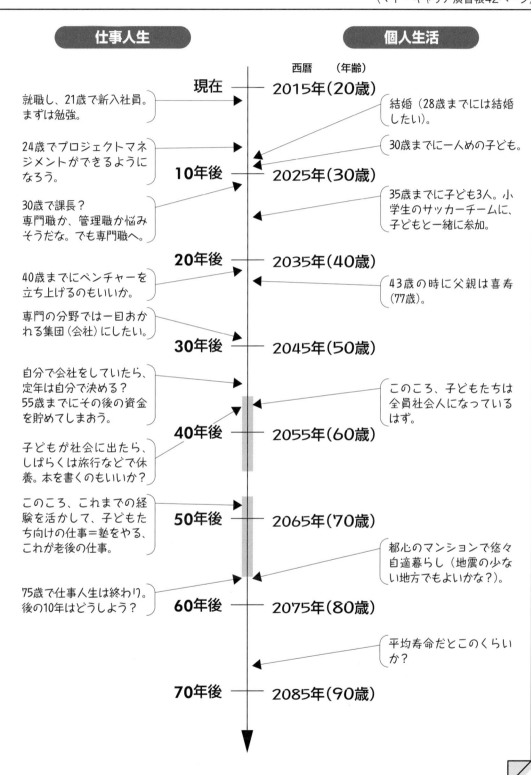

ワーク18 最後で初めのワーク
始める一歩！

❶ 作業の進め方 〈マイ・キャリア演習帳44〜46ページ〉

これまでのワークを参考にしながら、一歩を踏み出すプランを立てましょう。

これからやろうとしていること、やらなければならないと考えていることを列記し、次の4つに区分してみましょう。

- いますぐにでもやらなければならないこと……………☆☆（白い星2つ）
- すぐにでもできること………………………………………☆（白い星1つ）
- やらなければならないけれど、いまはできないもの…★（黒い星1つ）
- やったほうがよいけれど、それほど急がないもの……なし（空欄）

次に、計画を立てます。

☆がついているものは、いつやるのかを考えてみましょう。

★がついているものは、いつになったら始められそうなのか、前提条件を探ります。

前提条件には、「資格が必要だ」「費用を貯めなくては」「職務経験が必要だ」といったもののほかに、「親を説得しなくては」といったものもあります。前提条件には何かやろうとするときに整えておくことというものもありますが、解決しておくことというのも含まれます。

❷ ちょっとした解説

ところで何かをやる順序を決めるとき、締切りの近さで決めてはいませんか？

本当に大切なのは、重要度のほうです。たしかに、目の前にあってやっておかないといけないことはあるでしょう。しかし、目先のことばかりに追われていると、まだ緊急度は高くないが重要なこと**C**が徐々に締切りに近づいていき、重要かつ緊急度の高いもの**A**になってしまい、大切なことなのに十分な検討ができないままに意思決定しなければならなくなってしまいます。**B**の領域のことはやらないですませるように工夫してみるなど

● 重要度と緊急度 ●

	重要度	
C	A	
D	B	緊急度

して、できるだけ時間をかけないようにしたいものです。

column キャリア相談室から④ ── 明日はどうする？

　ある春の日、相談コーナーに大学4年生の男子学生がやってきました。
　相談申込書には「就職活動に身が入らない。周囲のほとんどが内定をもらっているのに、どこも絞り込めていない。どこかいい企業があれば情報がほしい」と記入されていました。そんな切羽詰まった内容とは裏腹に、どこか投げやりな感じ…。
　「身が入らないって？」と聞いてみると、「明日、ある企業の説明会に行くのですが、どう準備したらいいか…。集中できないんです」と言います。
　それは大変、明日のことなのに…。
　「エントリーシートが書けない。学生時代に力を入れたことなんかないし、サークル活動だと評価されそうにない。アニメを描いたり、学園祭や商店街のポスター作ったりしただけだから」
　おやおや、いろいろやっているではありませんか？　絵は好きなのでしょうか？
　「絵を描くのは、小さいころからずっと好きでした。本当は美大に行きたくて、予備校も美大専門のところに行ったんですが、入れなかった…。浪人してでもと思ったけど、親が反対。食べていけないと言われて、仕方なくいまの学校に。だから勉強にはまったく興味がもてない。サークルのために大学に行ったって感じ」
　美術関係の仕事をとは思わなかったのですか？
　「あこがれはあるけど現実は厳しい。就職すれば、趣味で絵を描くこともできるかもしれないから、とりあえず明日の説明会に行ってみようかと…」
　いまのあなたの状態で受験して、そこの会社が採用したいと思うでしょうか？
　「こんな中途半端な気持ちのままだとダメでしょう。大学を受けるときにあきらめなかったら、という思いがずっと残っているようです。結果は同じでも、もう一度だけ受けていればすっきりできたと思う。自分の思いを親にきちんと伝えられなかった。『やり残した』感じがしている。実は、一度自分の実力を確かめたいと思って、東京の出版社に作品を見てもらうためのアポイントをとっているんです」
　もう決めていたんだ！
　「決めていたつもりが、東京に行く日が近づいて不安になったんです。でも、はっきりしました。明日の説明会はキャンセルして、東京へ行きます。自分で納得できないと次へ進めません。もしダメでも『行ってみた』ということで思い切りができそうです。もう大学受験のときのような後悔はしたくないですから」
　すっきりした表情で出ていく彼。その思いを忘れないでくださいね。

ワーク18　最後で初めのワーク　始める一歩！

ヒントシート 18 始める一歩！

〈マイ・キャリア演習帳44〜45ページ〉

〈①やろうとしていること、やらなければならないこと〉

項　目	区　分
・○○検定2級合格	☆
・自己分析のやり直し（特にキャリアアンカー）	☆☆
・△△の実務経験	★
・	・
・	・
・	・
・	・

> 思いついた順でも、実施する順でも、重要な順でも…
> 書きやすい方法で書いてみましょう。

【区分】
- いますぐにでもやらなければならないこと ……………☆☆
- すぐにでもできること……………………………………☆
- やらなければならないけれど、いまはできないもの ……★
- やったほうがよいけれど、それほど急がないもの ………空欄

〈②実行計画〉

分　類	内　　　容	実　施　時　期
☆☆	自己分析のやり直し ・ ・ ・	××年××月までに ・ ・ ・
☆	○○検定2級合格 ・ ・ ・	○○年○○月試験に向けて ・ ・ ・

分　類	内　　　容	前　提　条　件
★	△△の実務経験 前提条件には、このように資格が必要な場合もありますが、そのほかに費用、時期、何か方針を決めること、誰かを説得することなども該当することがあります。	○○検定2級合格が必要

終わりに〜もう一度、初めから？

●自分のキャリアゴールを変えたくなったら…？

　お疲れさまでした。自分のことを自分で考えるということは、とても大変な作業だったのではないでしょうか？「始める一歩！」を終えて、明日から何をするかはっきりした人、よかったですね。ぜひ、そのまま取り組んでみてください。

　でも、1つだけ、余計なお節介をさせてください。ここで決めた「なりたい自分」やキャリアパスは、いまの時点で決めたことです。いろんな経験をするうちに、変えたくなるかもしれませんし、変えなければならなくなるかもしれません。

　そのときには、ぜひこのワークブックをもう一度最初から見直して考えてみてください。あなたは何を考え、何を大切にしたいと思っていたのでしょう？　きっとヒントが浮かんでくると思います。もしかしたら、ワークシートを書き直したくなるかもしれません。それはそれでまったくかまいません。何か気がつくことがあったのでしょう。ぜひ書き直してみてください。

●途中でワークシートを投げ出した人は？

　実は、途中で投げ出してしまったという方、あるいは、ワーク15の「分析結果の整理」までは何とかそれなりにやってこられたけれど、その先は……という方、けっして「だからだめなんだ」なんて思わないでくださいね。「これだけしかできなかった」のではなく、「少なくともこれだけはできた」のですし、「何ができないか、どこがよくわかっていないかがわかった」ことは収穫なのです。これから少しずつワークシートを埋めていきましょう。では、どうすればワークシートを完成させていけるのでしょうか？　大変地味ですが、「ふだん気をつけておくということ」につきます。

●仕事人生の送り方に迷ったときは？

　「何だか、いずれにしても、このワークブックをもう一度やれと言っているようですね」そんな指摘を受けそうです。

　でも、そうなのです。いま働いている大人たちの中でも、「自分の働きがいって何だっけ？」「いまやっている仕事って、自分に合っているのかな？」と考えている人は少なくないのです。自分の持ち味がわかっていて、いまの仕事が自分にとっても合っていておもしろいと思っている人でも、「でもな〜、本当にこれでいいのかな〜」と考え込むときが必ずあるのです。そうしたことはけっしてめずらしいことではなく、そんなタイミングで自分のことを見つめ直して、また納得して仕事人生を送っているというのが実際のところなのです。「キャリアについて迷う」ということは、ごく当たり前のことだと考えてください。

　そうして、迷ったときに手がかりを与えてくれるのが、このワークブックなのです。自分のことを再確認したいとき、ぜひこのワークブックを開いてみてください。もう一人のあなたが、あなたの持ち味やよさを教えてくれるでしょう。

　このワークブックはあなただけの、あなたのための相談相手です。

自分のキャリアを
自分で考えるための
ワークブック

進め方編

「進め方編」の使い方

❶ はじめに

「自分のキャリアを自分で考えるためのワークブック」を授業などで教材として使用される皆様にとって、本書は少し変わってるなと思えるのではないでしょうか。

　たとえば、本書には解答がありません。模範例もありません。
　たとえば、「～かもしれません」といったややあいまいな、教材らしからぬ表現が多くあります。
　たとえば、若い世代向けなのに字が多いです。
　たとえば、ちょっと理屈っぽいです。

　変わっているところをご理解のうえ、ご活用いただければと思い、差し出がましいようですが「進め方編」を作成しました。
　このような使い方でなければならないというわけではありませんが、使っていて「はて、どうしようか」と思った時に、「進め方編」をのぞいてみていただければと思います。

　また、ワークをしてみてこれでよかったのか？　と思うときなどにもこの「進め方編」を確認していただくとよいでしょう。正解がわかるわけではありませんが、ワークの趣旨がわかると思います。すると、納得感が深まるでしょう。
　マイ・キャリア演習帳の「考えるシート」「振り返りシート」を記入した後でご一読ください。

1 このワークブックの目的

　このワークブックは、自分にとってのキャリアを考えるとき、そのベースとなる**働くこと、生きることについての「考え方」「思い」を醸成させる**ものです。

❶ 自己理解の手助けが目的

　就職活動は選び、選ばれる関係にあります。

　選ばれなかったとき、「人数が決まっていることだから、全員が採用されるということはあり得ないのだ」ということがわかっていても、「ほかの誰でもなく自分が選ばれなかった」という事実がかなり大きなインパクトとなって自分を襲ってきます。そのとき、**心を支える柱、回復のバネとなるのは自分に対しての誇り、自意識**です。

　人生にはこんなこともあるだろうけれど、自分は自分であることには変わりはないという気持ちです。

　自己信頼感といってもよいでしょう。

　その糧になるのが、自分についてよく知っていること、つまり自己理解ができていることです。

　一方、せっかく就職したのに、すぐに辞めてしまう人は少なくありません。仕事が思っていたのと違うからという理由も多いのですが、仕事や人間関係についていけない、なぜこんなに大変な思いをしてまで働かなきゃならないのか…というのが本当の気持ちではないでしょうか？

　すでに何年も社会人としてすごしてきた人は、「そういう時期もあるもんなんだよ。その山を越えればわかるんだよ」という思いをもちながらも、辞めていくその背中を見つめるしかなかったりします。

　苦しいとき、「何でこんなことやらないといけないんだろう、どうしてこのわたしがこんなことをやらされなければいけないんだろう」「もともと才能なんかなかったんだ、自分には向いてないんだ」「もっと適性のある仕事があるはずだ…」といった迷いをもつことは誰にでもあることなのですが、そこで、本当に辞めてしまうのと、「でもまぁ、もう少しやってみないとわからないだろう」「適職なんて、まだわかるはずもないしな」と思いとどまるのと、**その分岐点は自己理解の深さ**にあります。

　自己理解は適性を分析し、適職を探すためだけにあるのではありません。

　それほどほかの人と変わりばえがしなくても、ほかの何者でもない自分を認識するこ

と、そして「自分は自分なのだ」と確信することも自己理解の目的です。

　適職というと、何か自分にぴったりとするものがあって、それを探し出すというイメージがもたれがちです。しかし、その**仕事が自分に合っているかどうかは、その人自身がこの仕事を好きだと思えるかどうかなのです**。「好きこそものの上手なれ」といいます。たとえ「下手の横好き」でも長続きしますし、その間はやっていておもしろいものです。自分に合った仕事があらかじめ世の中にあるのではなく、自分がこれだと思ったときにそれは適職となるのです。やみくもに探すのは大変なことです。その手がかりを得るために行っているのが自己理解なのです。

❷ やり終えたときに確信がもてること

　このワークブックは、そうした意味での自己理解のお手伝いを目的としています。ですから、最後までやったからといって、自分に向いている職業や職種はわからないかもしれません。どんなところに強みがあって、どこに弱みがあるかもわからないかもしれません。しかし、やり終えたときには、次のようなことに確信をもてるようになるだろうと思います。

- ☐ 働くうえで自分が大切にしていたいことは何か。
- ☐ 自分の持ち味は何か。
- ☐ 自分らしさを感じるのはどんなときか、どんなふうに感じるか。

また、こんなことを実感しているだろうと思います。

- ☐ 自分はほかの人とそれほど変わっているわけではないが、まったくいっしょというわけでもない。
- ☐ 自分らしさは人とどう違うかではなく、自分がどう思っているかなんだ。

コミュニケーションという点では次のようなことを体験しているでしょう。

- ☐ 自分のことを人に話してみることは、それほど大変なわけではなさそうだ。
- ☐ 自分のことをきちんと聞いてもらえると、とてもうれしい。
- ☐ だから、相手が何かを言おうとしているときは、同じようにきちんと聞くことにしよう。
- ☐ 自分と相手とで話をしているなかで、気がつくことはとても多い。話をすることで、自分のことも相手のことも、より深くわかるようになるようだ。

　こうしたことが、これから**仕事を選び、就職活動をしていくときに、気持ちや行動を**

下支えすることになります。試験や面接などの就職活動に即効性のあるものではありませんが、長い仕事人生を歩んでいくなかできっと役に立つでしょう。

このワークブックは、そうした長い目で見たキャリア開発を目的としています。

作業によって自分について考え、それを他者とのコミュニケーションを通して深め、確認しあうことができれば、このワークブックはその使命の大半を果たしたといえます。その経験をすることで、自分は何をしたいか、強み・弱みは何かを常に意識し、きちんとコミュニケーションをしながら活動をしてけるようになることでしょう。

❸ 教えるのではなく「気づくこと」を支える

本人が、自己理解を深めたうえで、自分で自分のキャリアについて考えることがこのワークブックの目的です。ですから、このワークブックを授業などで教材としてご利用いただく場合は、ぜひとも本人が気づくことを支援してください。「教える」ということと、支援するということには、大きな意識の違いがあります。

教えるということは、情報や考え方を本人に伝える、理解させるということが主目的になります。教える側から本人に向けたベクトルのほうが大きくなりがちです。特に授業などで理解していることに「正解／不正解」「合格／不合格」の判断を下さなければならないときはなおさらです。

一方、気づくことを支援するというのは、本人からのベクトルが外に出てくるように促す、出てきやすいように場を整えることです。少しでも出てきたら、それに対して判定するのではなく、それを手がかりにして、もっともっと奥深いところからの答えが出てくるように支援するのです。その答えは本人自身のものであり、一概に善し悪しを決められるものではありません。

教えることと気づくことを支援することでは、エネルギーの向きが逆なのです。

ベクトルが出てくるのを促すと表現しましたが、この促すという行動を「ファシリテーション（facilitation）」といいます。ファシリテーションをする人をファシリテーター（促進者）といいますが、1対1でこの教材に取り組むときも、1対多で取り組むときも、ファシリテーターとして接するように、つまりベクトルを引き出すようにしていただくとよいでしょう。

この方法は回りくどく感じられるかもしれません。教えたほうが早いかもしれません。しかし、本人が何でも教えてもらえると思ってしまうと、自らが自分の人生の主人公として意思決定しなければならない場面でさえ、「どうやればいいか教えてもらっていないからわからない」「やり方を聞いていない」ということになってしまいます。自分で考え、自分で決めることを、しっかりと支えていきましょう。

2 このワークブックの構成

このワークブックには、18の自己分析作業があります。
それぞれの自己分析作業は、基本的に以下の項目で構成されています。

● ワークブックの構成と進め方 ●

ワークブック（本編）	マイ・キャリア演習帳（別冊）
❶ 作業の進め方 　それぞれのワークシートの書き方を説明しています。	
❷ ちょっとした解説 　作業に関する簡単な解説です。作業に取りかかる前、あるいは取りかかった後に読んでください。	❸ 考えるシート 　こちらに記入します。記入欄が示されていますが、参考です。あまりとらわれないで、自由に書いてください。
❹ ヒントシート 　考えるシートが書けないときに参考にしてみてください。	
❺ コラム（column） 　作業に行き詰まったときや、作業が終わった後に読んでみてください。	❻ 振り返りシート 　作成した考えるシートについて、内容を再確認して理解を深めるために記入します。

ワークブック（本編）

❶ 作業の進め方

　これは必ず読んでから始めてください。授業の場合は可能であれば、読み上げてください。各自で読むという方法でもかまいませんが、思い違いをしてしまうことがあります。また、作業に関心を向けるという意味でも、声に出したほうがよいと思います。

　これだけの説明では心もとない、きちんと書けるようにもっと情報提供して判断しやすいようにしてあげようと思うことがあるかもしれませんが、少し待ってください。わかりやすく説明したつもりが、ある方向に誘導することになってしまうことがあります。

聞かれたら、もう少し詳しく言ってみる、さらに聞かれたらさらにもう少し詳しく言うというようにするとよいでしょう。

❷ ちょっとした解説

「ちょっとした解説」は、すべての作業についているわけではありません。また、「ヒントシート」の前についているときと、後についているときがあります。この順番には意味があります。

前についているものは、作業をするうえであらかじめ知っておくと役に立つことです。「考えるシート」に取り組む前に読んでください。

後についている場合は、「考えるシート」に取り組む前に読むと、先入観を持たせてしまい、自分のことをきちんと理解するうえでの妨げとなる可能性があります。このため、作業が終わってから読んでください。

❹ ヒントシート

まず、マイ・キャリア演習帳の「考えるシート」に取り組んでみて、作業がわかりづらい場合、どう書いてよいかわからない場合にのみ「ヒントシート」を読むようにしてください。「考えるシート」に取り組んでみて、どこがわからないか、何が引っかかっているのか、どんなことがわかれば書けるようになりそうなのか、自分で考えるようにしてください。「考えるシート」の作業は、書き上げることではなく、考えることが目的だからです。

なお、「ヒントシート」は、書き方の例が書いてあるものもありますが、ほとんどのものは、着眼点や書き方の補足を記しているのみです。これも、自分で考えて書くことに主眼を置いているからです。「ヒントシート」に例を詳しく書くことで、それが手本になってしまうことを避けたいのです。何か手がかりがないと、生徒や学生は何も書けないのではないかと心配かもしれませんが、意外に書けるものです。時間の制約もあると思いますが、本人が書くのを待つということも大切です。

また、「ヒントシート」に書いてある例も正解というわけではありません。あくまでも、「こんな感じで書く」という手がかりです。

❺ コラム（column）

「コラム」は、マイ・キャリア演習帳の「考えるシート」に取り組む前に読んでも、取り組んだ後に読んでもかまいません。後で触れますが、時間がないなどの理由でワークを選択して実施することがあるかもしれません。選択しなかったワークについても、

コラムだけは目を通すことをお勧めします。

マイ・キャリア演習帳（別冊）

❸ 考えるシート

　本編の「作業の進め方」の説明を読んだら、マイ・キャリア演習帳の「考えるシート」の作業を優先的に進めてください。

　「考えるシート」への記入にあたっては、文章にしなければならないということはありません。箇条書きでも、キーワードだけでもOKとしましょう。絵やイラストでもよいです。大切なのは、自分のことを真剣に考えてみようとしているかどうかです。また、「考えるシート」は、後のワークで見直すこともあります。そのとき、自分で振り返ることができるように書いてあればよいのです。振り返るためにも、作成した日付はぜひ記入しておいてください。後で見直したときに、いつごろの考え・思いだったのかという記録が、役に立つことがあります。そのために日付を2つ記入できるようにしています。

❻ 振り返りシート

　「考えるシート」の作業が終わった後は、二度手間のように思えるかもしれませんが、「振り返りシート」にまとめを記入してください。「考えるシート」の作業だけでも自己理解は進みますが、その結果を改めてまとめることは、自分の書いたことを再確認するうえで非常に有効です。また、「振り返りシート」の中では、「考えるシート」の作業の内容をテーマにしたグループワークが設けられています。グループワークを行うことで、いっそうの自己理解につながるからです。

　グループワークの効果のことは、ワーク2のコラム「伝えること、受け止めること」に記載しています。作業よりも、それを自分の言葉で人に伝えたり、フィードバックをもらったりすることが自己理解につながります。グループを作れないときも、隣り合わせた席の人同士で感想を話し合ってみることをお勧めします。

3 ワークの進め方

　このワークブックは、クラスで先生の指導にもとづいて進めていくことを基本形として想定しています。

　何を「基本テーマ」として授業を組み立てるかによって進め方は変わりますが、自己理解を深めるとともに、コミュニケーション能力、特に面接の場面などでもきちんと自分のことを話せるようにしたいということであれば、グループワークを核として進めるのがよいでしょう。

❶ グループワークの基本的な進め方

　このワークブックでのグループワークは、次のような形式を想定しています。

① 　1つのグループは6人程度にします。あまり時間がとれないようでしたら4～5人で進めることもあります。

　　グループのメンバーは多様性に配慮します。つまり、性別や学年、学科・専攻ができるだけ分散するようにします。仲良しグループ、学籍番号の近い人同士だと、いつも同じような話になってしまう可能性があります。メンバーは固定ではなく、毎回異なっていたほうがよいでしょう。

② 　できれば、いすだけで輪になって座ります。机があってもかまいません。できるだけグループの全員が、全員の顔を見られるように座ります。

③ 　一人ずつ、持ち時間（一人10分程度。122ページでも触れます）を決めて、作業を

●グループワークでの座り方●

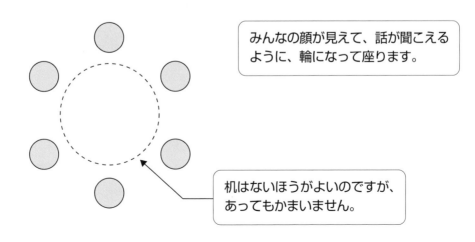

通して気がついたこと、感じたことを話します。そして、ほかの人（原則として全員）からフィードバックをもらいます。フィードバックの時間も含めて、持ち時間内となるように進行します。

④　一人の人が話しすぎたり、まったく話すことのない人がいたりしないように、お互いに気を配るように促します。

⑤　順番は決めずにおいて、話したい人から話をするようにします。司会者やタイムキーパー（時計係）はおかないで、話している人が自分で時間管理を行います。

⑥　話すテーマはその作業ごとに異なりますが、できるだけ作業の内容や、作業を通してわかったこと、感じたことから離れないように留意します。あまり離れているようだったら、「話を戻しませんか」というように声をかけるとよいでしょう。

⑦　話がすんだら、話を聞いた人が、話した人にフィードバックをします。フィードバックとは話を聞いて「どのように思ったか」「何を感じたか」「どこに関心を持ったのか」といったことを伝えることです。原則として全員が、ひと言でかまわないので、フィードバックするようにします。

⑧　話した人は、フィードバックをもらっても、それに対して答える必要はありません。それをしていると、時間の中で終わらなくなってしまいます。また、雑談に流れてしまいがちです。

⑨　すべての人のフィードバックが終わったら、次の人の話に移ります。

⑩　このようにして、全員が話し、フィードバックをもらったら終わります。

⑪　あまり厳格にコントロールするとそればかりが気になって話しづらくなってしまうので、留意が必要です。

　大切な留意点があります。それは**「守秘義務」**という点です。グループワークの中で話されたことは、そのグループの、そのとき限りの話として、よそで話したり、後で話したりすることはしないように、最初に説明しておきます。本人が話したいという場合はかまいませんが、ほかの人が「さっきの話だけど」と蒸し返したり、まったく関係のないところで「あの人については、こんな話があってね」と話したりすることはやめようということです。自分のした話が、知らないところで話されることがあると思うと、話しづらいからです。

　また、人の話している内容についてメモをとることもやめておきましょう。メモをとられると緊張します。ここでのワークはプライベートな内容が多いので、グループワークが終わった後での振り返りの時間に自分に関係することを思い出して記録するということにしましょう。

❷ グループワークの特徴

自由な話し合いではなく、❶の方法でグループワークをするのには理由があります。

① 第一に、話したい人ばかりが話し、話さない人はひと言ふた言で終わってしまうということにならないようにするためです。きちんと一人ひとりのために時間をとろうとしているのです。

② また、きちんとフィードバックをもらうことができるという点があります。フィードバックは自己理解を深めるうえでとても大切です。フィードバックを通して自分だけで考えていては気がつかなかったことに気づけます。また、自分の考えていたことをほかのメンバーが支持してくれたりします。支持されると、「これでよいのかもしれない」と確信を得たり、自信につながったりします。こうした大切な役割をもつフィードバックは、自由に話を進める方法だと個人別にもらうことができなくなってしまうことがあります。一人ひとり話したことに対してきちんとフィードバックをしようと思うと、❶のような方法のほうがうまくいくのです。

ふだんの会話では、話したことについて、きちんとしたフィードバックをもらう機会はあまりありません。家でも友だちとの間でも、それほど改まって話をすることはないからです。また学校では先生と生徒の関係は1対多の関係にありますから、そこまで時間を割けないという実情があるからです。その意味でも、フィードバックをもらう時間は貴重なのです。

③ ❶の方法でグループワークをする3つめの理由は、人の話をきちんと聞けるようになるという点です。フィードバックをきちんとしようと思うと、自分以外の人の話を集中して聞かざるを得ないのです。人の話に耳を傾けるということは、面接の場面でも、一般的なグループ討議の中でも、当然のことながら会社に入った後でもとても大切なことです。

注意してほしいことは、このグループワークでは「結論を出す」「グループとして意見をまとめる」といったことを目的にする必要はまったくないということです。ですから、最後にグループごとに発表することもやりません。グループとして意見をまとめないといけないのではないかという誤解を招くからです。発表することになると何らかの形でほかの人に考えをあわせなければならないのではないかと思えてしまうのです。こうしたことを防ぎ、まず自分なりの考え方、思いを確認することを大切にするために発表しないのです。

❸ 時間の使い方

1．一人10分が理想

　一人10分は長いようですが、それほどではありません。フィードバックを含みますから、一人が話す時間は6人グループであれば6分程度で、残りの4分間はほかの人からのフィードバックをもらう時間と考えてちょうどよいくらいです。

　時間の関係で一人10分（6人で60分）をとれない場合は、一人あたりの持ち時間を少し減らしたり、あるいは作業そのものは宿題としておく方法もあります。

　つまり、前の時間の終わりに次の時間で話し合う作業を宿題として指定しておき、授業時間の最初にグループワークの進め方を確認してすぐに話を始めて、最後に再び次の時間の作業を指示しておくという方法です。

　きちんと話してフィードバックをもらうためには10分くらいあるのが理想ですが、内容や人数によっては10分では短いこともあるでしょう。時間を確保するのはしっかりコミュニケーションをとることが目的ですので、それぞれの人が話し、フィードバックをもらうにはどのくらいの時間が必要かという観点で長さを検討しましょう。

2．できるだけ4人以上で

　1つのグループ人数を少なくすると時間の余裕はとれますが、グループの構成メンバーが少なくなればなるほど、フィードバックが少なくなって、自分に気づくきっかけも少なくなってしまいます。また、人数が少ないと、フィードバックしにくくなる傾向があります。ですから、3人以下にすることはできる限り避けてください。

　時間がとれなくてグループサイズを3人以下にしなければならないようであれば、話す人と聞く人に分かれる方法ではなく、自由に話を進める方法にして、人数を4～6人の間になるようにしておきます。このとき、きちんと相手の話を最後まで聞くことや、できるだけフィードバックをすること、何か結論を出すのではなく、感じたこと、思ったことをワークのテーマに即して話をするということに徹底するように指示してください。「このように考えるべきだ」だとか「こう答えないといけないのではないか」というものは、このワークブックにはありません。そのような結論を出して合意を得ることは必要ありません。自分たちが考えたこと、思ったことを相互に話してみる場となるようにしてください。

　また、できるだけその場にいる人の話になるように指導してください。ワークの内容にもよりますが、いない人のことではなく、できるだけ自分のことを話題にし、自分の考えを表明することを奨励してください。

❹ グループワークを取り入れている理由

グループワークを積極的に取り入れている理由は、4つあります。

① 自分の考えたこと思ったことを表現しようとすることで、頭の中が整理されます。何となく感じていたことを「考えるシート」と「振り返りシート」で言語化し、それを話すことで、漠然としていたものが徐々に実感を伴うようになります。

② 進め方のところでも解説したように、フィードバックをもらうことが、自己理解に役立ちます。他者の視点は新たな見方を提供してくれますし、賛同してくれると自信が得られます。

③ コミュニケーションのトレーニングになるということが挙げられます。ワーク2のコラムでも説明しましたが、グループワークではきちんと話し、きちんと聞くということが求められます。さらに、話を聞いて思ったこと、感じたことをフィードバックするように求められます。これはコミュニケーションの基本的な構造でもあります。うまく伝わったときにどう感じるか、逆にうまく伝わらなかったときにはどう感じるか、なぜ伝わらなかったのかを考えるきっかけになります。

④ さまざまな視点を提供し合うことで、視野を広くすることができます。同じテーマでも人によって話す内容が違うというのは、当たり前のことです。この違った見方、言い方が、とても参考になります。だからこそ、このワークブックのグループワークでは、結論を求めたり、まとめたりすることを避けるのです。それは視点を一元化することになりかねないからです。

グループワークが若年者のキャリア教育において特に有効であることは、「若年者向けキャリア・コンサルティング研究会」（厚生労働省委託事業）の報告書（中央職業能力開発協会、2004年4月）でも指摘されています。

❺ 介入するときの留意点

グループでの話の進め方はグループに任されますが、話の内容が作業の内容から外れるなどした場合は、グループの外から働きかける「介入」をする必要があります。

グループに介入するのは、たとえば次ページのような場面になっているときです。

- ☐ 話題がワークのテーマとは関係のないものになっている。
- ☐ 一般論、抽象論、あるべき論になっている（「普通○○するでしょ」「営業の仕事というのは……」「文系の就職はね……」「燃えるときというのはやりたいことをやっているときだね。そんなもんだよ、それ以外にはないよ」といったもの）。
- ☐ 人の話を途中でさえぎるなど、あらかじめ説明していた約束を無視している。
- ☐ フィードバックのときに、感想ではなくて、「……すべきだ」「……したほうがいい」とアドバイスに終始している。
- ☐ 根ほり葉ほり質問をしている人がいて、話している人が話しづらそう。
- ☐ グループメンバーには関係ない人の話を長々としている。
- ☐ 特定の人物に対して話が集中しすぎている。

以上の場合、すべてに介入しなければならないというわけではありません。

介入を繰り返すと自然な発言をしにくくなりますから、最低限にします。

多くの場合、参加者同士で気がついて、元の話に戻っていくことが少なくありません。しばらく様子を見ていると自然と軌道修正されていくことがあります。

介入するときは、対象となる人の行動に対して注意をするのではなくて、話の内容に注意するように留意します。

　✗…あなたのその話し方は、抽象的でわかりにくいですね。
　○…いま話していることをもう少し具体的にすると、どんな感じですか？

グループワークの運営、ファシリテーションには経験が必要です。グループワークの指導を担う方は、ファシリテーションについて自分自身で体験的に習熟しておきたいところです。少なくとも取りあげるテーマについては、自分でも参加者として、その感じを確かめましょう。

❻ グループワークを伴わない進め方

グループワークができない場合は、代わりに交換日記のように先生と学生の間で「マイ・キャリア演習帳」を取り交わしていく方法もあります。

このとき、確認した証として、何か記入すると思います。サインや印鑑だけでは味気なさすぎます。できるだけコメントを記入してください。具体的なアドバイスよりもさらに深く考えるようなコメントが望まれます。アドバイスは次への行動を起こさせると

いうメリットがある半面、自分で考えることを疎外することがあるからです。

より深く考えるようなコメントとは、たとえば以下のようなコメントを指します。

- 「どうしてそのように思ったのでしょうか？」
- 「どうしてそうしようと思ったのでしょうか？」
- 「何がきっかけだったのでしょうか？」
- 「そのとき、どんな気持ちでしたか？」
- 「この作業をしていて、ほかに思いついたことはありましたか？」

これらですべてに対処できるというわけではありません。しかし、ある方向性、特徴に気づくかと思います。

① まず、**Open-Question（開かれた質問）** であることです。Open-Questionとは「どうして」「なぜ」「どこで」「いつ」「誰と」といったような質問です。これとは反対のClosed-Question（閉じた質問）のように、Yes-Noや選択肢の中から選ぶような形で答えるものではない質問を指します。選択肢が示されないので本人が考えなければなりません。ある意味で答えるほうにとっては不親切な質問ですが、不親切であるからこそ本人が考えるのです。

② もう１つの特徴は、**事実ではなくて感情や意図に目を向けたもの**であることです。

右の図に示すように、日常の会話や面接の中での会話には「知（事実）」「情（感情）」「意（計画）」の３つの要素が含まれており、この３つの要素がお互いにやりとりされるとき、相互の理解が深まっていきます。事実だけのやりとりでは、お互いがわかったということにはならないのです。そこで、コメントでは「情」や「意」（どうしたいか）に焦点を当てます。ウエートをおくのは、**「情」の部分**です。気持ちが変化したところ、変化したときに目を向けると自身の価値観や考えを知る手がかりを得られます。そしてそれが「意」に影響します。

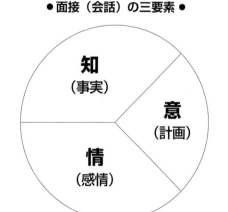

●面接（会話）の三要素●

出典：横山哲夫他著『キャリア開発／キャリア・カウンセリング』
生産性出版

先に「意」に焦点を当てすぎると、何だかせかされているような感じがしてしまうので注意してください。

③ 最後の特徴として、**「その場でのこと」**であることに注意してください。作業の内

容のことであればその作業で書いている出来事が起きたときのこと、作業をしている最中のことについてであれば作業中に感じたこと、思ったことに焦点を当ててください。

　たとえば、ワーク1は「いま、気になっていること」を書いているのですから、焦点を向けるのはいまの気持ちです。しかし、ワーク4「やる気のもとは何？」は過去のことも聞いています。この場合は、「燃えている、楽しいと思っていた過去の時点」と、「それを思い出して作業をしているいまの時点」の2つがあります。過去に焦点を当てれば「そのときどんなことを考えていましたか？」といったコメントに、いまに焦点を当てれば「書いていてどんな気持ちがしましたか？」といったコメントになります。どちらのコメントがよいかは、一概には言えません。書かれている内容にもよるでしょう。しかし、少なくともコメントを書くときは、その点を意識しておく必要があります。

❼ ワークの選択

　このワークブックは18のワークで構成されていますが、すべてのワークをやらなければ意味がないというわけではありません。できれば最初から順番に取り組むのがよいのですが、時間がない場合は選択して行います。

　このとき、何についてどこまで考えようと思っているのかによって大きく異なります。

　具体的に職業や職種、業界を考えていて、目標をもって自ら就職活動に取り組めるところまでを考えるのでしたら、最後のワークまで進めることをお勧めします。

　低学年層などで、就職先を考える以前に、まずおおよそどの方向に進みたいのかを考えるなどの理由で、自分のことを理解することに専念したいということであれば、ワーク15「分析結果の整理」までを1つのめどとすることができます。

　また、どうしてもワークを選択せざるを得ないときは、次ページの表の〇の付いているものを優先して実施してください。その際、実施しないワークであっても、コラムや解説などは取り上げてください。特に◎印の付いたコラムと解説は、その後の作業と関連することがありますから、必ず目を通すようにしてください。

● ワークの選択 ●

		タイトル		「コラム」と「ちょっとした解説」
		「ワーク編」の使い方	◎	コラム：キャリアとは何か
○	1	いま、気になっていること	◎ ◎	ちょっとした解説：グループ・ワークをやってみよう！ コラム：キャリアとは仕事人生
○	2	マイ エンブレム	◎	ちょっとした解説 コラム：伝えること、受け止めること（ジョハリの窓）
	3	わたしは誰？		コラム：先輩に聞く①見えてきた自分のテーマ ちょっとした解説
○	4	やる気のもとは何？	◎	ちょっとした解説 コラム：秘密は「内的キャリア」
	5	出会い	◎	ちょっとした解説
○	6	人生線分析		ちょっとした解説
	7	JobとWork/ 仕事人生と全人生	◎	ちょっとした解説 コラム：NPOで働くということ
○	8	ライフロール	◎	コラム：「キャリア」はお互いさま
	9	キャリアアンカー		コラム：アセスメントをうまく使いこなそう ちょっとした解説 コラム：キャリア相談室から①自己PRはこわくない
○	10	好きな役割	◎	ちょっとした解説 コラム：名は体を表さず？　〜再び「内的キャリア」
○	11	職業マイニング		ちょっとした解説 コラム：キャリア相談室から②自己分析で気づいた思い込み
	12	あなたのカイシャ		ちょっとした解説 コラム：先輩に聞く②本当にやりたかったことは
○	13	好き嫌いで 選んでみよう		コラム：キャリア相談室から③会社選びは五感を使って ちょっとした解説
	14	もっともな、 モットー		ちょっとした解説 コラム：「自動思考回路」にストップを！
○	15	分析結果の整理		ちょっとした解説 コラム：先輩に聞く③3回問い直してわかった「わたしって何だろう」
○	16	なりたい自分 （キャリアゴール）		ちょっとした解説 コラム：先輩に聞く④62社目につかんだ運命の出会い
	17	キャリアパス		ちょっとした解説 コラム：先輩に聞く⑤必要なことが必要なときに起こる
○	18	最後で初めのワーク 始める一歩！		ちょっとした解説 コラム：キャリア相談室から④明日はどうする？

3 ワークの進め方

4 各ワークの概要とねらい

　それぞれの作業の概要とねらいは、次のとおりです。
　「ねらい」といっても、そのような内容について考えることを想定しており、そうなる場合が多いという意味であって、**作業の結果がねらいを満たしていなければならないというわけではありません**のでご留意ください。結果的に自己理解が進んでいればよいのです。
　また、何も書けていなかったり、分析や記入量が不十分だったりする場合も、それほど問題にしなくてもかまいません。書けなかったことについては、本人がもっとも自覚しているはずです。これを機会に折に触れて日常生活の中で考えることで、これから書けるようになればよいのです。
　ただし、「書けないこと」と「考えていないこと」は別です。何も考えないで書けないと言っている場合は、どんなささいなことでもよいから、思いついたことから書くよう伝えてください。一般的によいとされていること、格好のよいこと、受けそうなことを書く必要はないことを伝えてください。文字を書くこと自体、あまりやっていないということもあるかもしれません。まず筆記用具を持って、何でもよいから書き始めるようにしてください。書き始めると、意外にいろんなことを思いついて先に進めるようになるものです。
　さらに、それぞれのワークは、相互に関連をもっています。書けないときには、過去に書いたシートを見直すことで、考えがまとまることがあります。関連しそうなワークシートを見るように伝えてください。

❶ ワークの前に

1. ワーク前のアイスブレーク

　作業に入る前に、「場づくり」をしておくことがお勧めです。この場づくりは、アイスブレークといわれ、場の張りつめた雰囲気を簡単なワークで柔らかく解きほぐしていくことをいいます。本書のワークに取り組む前、そして、できればグループワークの前に時間を取っておくとよいでしょう。
　それぞれのワークは、「考えるシート」と「振り返りシート」の作業、解説などを含めて、1時間30分弱で終わるように設計しています。つまり、1回の授業時間を目安にしています（もちろん、参加者によって長くなることもあれば短くなることもありま

す)。生徒や学生のニーズや置かれている状況を勘案してワークを選択し、半年間の授業時間を使って取り組むとワークブックが完成するようになっています。アイスブレークの内容も、ワークブックが完成する半年間の中で変わってくるでしょう。

　ワークブックを始めたばかりのころは、おそらく生徒や学生は知らない者同士でしょうから、まず、知らない相手に声をかけてみるということをテーマにしたアイスブレークがよいでしょう。大人でもそうですが、隣に座っていれば、自然に話をするようになるというわけではありません。何かきっかけがあったり、目的があったりするほうが話しやすいのです。そうしたきっかけを提供すること、そして、安心して取り組める状態にすることが、アイスブレークの目的なのです。

2. アイスブレークのテーマ

　アイスブレークの方法はいろいろと研究され、ファシリテーターも工夫を凝らすところです。『チーム・ビルディング　人と人を「つなぐ」技法』（堀公俊他著、日本経済新聞社）や『研修ゲームハンドブック』（山本成二、美濃一朗著、日経連研修部編、日本経団連出版）などで、アイスブレークの方法が紹介されています。この中から選んで実施してみるとよいでしょう。いずれも社会人向けのものですが、このワークブックの対象となる生徒や学生は、社会人への移行期でもあるので参考になると思います。

　アイスブレークのテーマは、先に挙げたように、初めのころは、「知らない者同士で声をかけ合えるもの」「お互いを知り合えることを目的としたもの」がよいでしょう。ワーク2の「マイ　エンブレム」やワーク3「わたしは誰？」はアイスブレークとして使うこともできます。

　回を重ねると生徒や学生も慣れてきますから、作業の内容に即したものとしていきます。たとえば、ワーク5「出会い」の前には、「家を出てから教室に来るまでに見た事件」というテーマでお互いに話すというアイスブレークが効果的です。「事件」といっても、「いつもと違っていること」程度でかまいません。見たことや耳にしたことでも、自分自身のことでもよいでしょう。ここで取り上げることが、ワークの終わりに「出会う」ための機会は身近にあることに気づける可能性を大きくします。

　また、ワークの前には毎回アイスブレークをしなければならないというわけではありません。ワークの内容に関連するファシリテーターの経験を話してみることもいいでしょう。落語でいう「枕（導入の小話）」のようなもので、それ自体で1つの話として完結していて、しかもその後の作業にすんなりと入っていけるような内容を選びます。さりげなく事例を提供するという意味でも効果があります。ワーク14の「もっともな、モットー」のように概念化を必要とするワークの場合などには、理解を助けることにな

るでしょう。

❷ ワーク編のねらい

ワーク 1 いま、気になっていること 〈14ページ〉

　ワークブックの前半は、興味や関心を広げることを目的にしているワークが多くなっています。いま、気になっている「仕事」「人」「テーマ」を、テレビ番組のドラマでもアルバイト先の出来事でも、何でもよいので挙げてみます。どのように気になるのか、なぜ気になるのか（おもしろそうだから、もうかりそうだから、かっこいいから、楽しそうだから、など）を考えてみます。最初の作業ですから、それほど深く考えなくてもかまいません。自分に目を向けることに慣れるための作業です。

　仕事や働くということに目を向けると同時に、どんなところが気になるのか、どうして気になるのかという観点から、本人の興味や関心の領域を分析してみます。

　やりたいこと、行きたい会社などが決まっている場合でも、それしかないと思い込んでしまってほかが見えなくなっていることもあります。視点を多くもつことに役立つでしょう。

　気がかりなこと、もやもやしていることも取り上げています。気がかりなことは関心があるという意味でもあります。もやもやしていることはそれが何かがわかることが解消の糸口になります。気がかりなこと、もやもやしていることにとらわれすぎるのは問題ですが、目を背けてしまうわけにもいきません。扱い方に注意しながら、丁寧に見ておきましょう。

　すべての欄を埋めなければならないわけではありませんが、できるだけ埋めるようにしたいものです。埋めきれない場合は、「ヒントシート」に記された視点で数日間、周りを眺めて過ごすとよいでしょう。

ワーク 2 マイ エンブレム 〈20ページ〉

　言葉は考えていることを伝えるのに有効なツールですが、同じ言葉であっても全員に同じように解釈されるとは限りません。このワークは、言葉の解釈の「ずれ」を使ってコミュニケーションを促進すると同時に、自己イメージを広げることを目的としています。ですから、選んだ言葉と書いた記号が一致しなくてもかまいませんし、ペアやトリオになった人の間でくい違っても構わないという前提で進めてください。

　エンブレムの上部にある帯には名前を書きましたが、西洋の紋章と同様にモットー（信条）や心がけていることを書いてもよいでしょう。エンブレムの上部にある帯は空

欄にしておいて、グループ内でエンブレムに書いた図柄について説明し合った後で、「そうした大切にしたいものを、短いフレーズで表現するとどうなるでしょうか？」という投げかけをしてその結果を記入することにします。たとえば「神とわが権利」（イギリスの国章）、「名声と進歩」（大阪港）のように、「○○と○○」という形式が見られますが、「○○な○○」のような形式でもよいでしょう。

　ここでは、デザインしやすいように盾の形を四分割したものを使っていますが、実際に使われている紋章は形もデザインもさまざまです。また、日本の家紋と同様に、一定のルールのもとで家柄や家系を示したり、個人を象徴するものとして利用されました。ここで作った紋章も、自分自身を表現する、象徴するという点では、同じ意味をもっているといえるでしょう。

　なお、コラムでは、「ジョハリの窓」を取り上げています。コミュニケーションのあり方やグループプロセスの解説などでよく取り上げられる図です。『グループ・ワーク　その人間学的アプローチ』（坂口順治著、学陽書房）や『人間関係トレーニング　第2版　私を育てる教育への人間学的アプローチ』（南山短期大学人間関係学科監修、津村俊充、山口真人編、ナカニシヤ出版）などが参考になります。大変役に立つ考え方なので、ぜひ授業の中でも解説してみてください。

ワーク3　わたしは誰？　　〈24ページ〉

　WAI（Who am I?）法とも呼ばれる方法です。「わたしは、……です」という文章を作成することを通じて、自分が自分のことをどのように見ているかを確認します。人によって作業時間に大きなばらつきが出ます。また、内容も変化に富んでいます。そうした違いに目を向ける意味でも、この作業ではグループワークを行うことが効果的です。他者と比較することによって、自分の特徴を理解しやすくなります。

　たくさん書ければよいというものでも、おもしろければよいというものでもありません。なぜそれを書いたのかを、自分で考えてみることが大切です。

　内面を深く見つめる作業でもあるので、グループワークをする場合は、「考えるシート」に書き込む前に、書いたことについて後で話をする時間をとることを伝えておいたほうがよいでしょう。

　また作業結果を使って自己紹介するときは、書いたことを全て話す必要はないことも付け加えて下さい。

　このワークの前に、『偏愛マップ　キライな人がいなくなる　コミュニケーション・メソッド』（斎藤孝著、NTT出版）で紹介されている「偏愛マップ」を作ってみるとよいかもしれません。教育学者である斎藤孝が考案したもので、A4版の無地の紙に、自分

が好きでたまらないもの、愛してやまないものを、キーワードやイラストで書き出していきます。書き方も自由で、箇条書きにしても、樹形図のように書いても、KJ法のようにまとめてもいいです。できあがったら、ペアあるいはグループになって紹介し合います。自分が好きなことを話すので、場が活気づき、お互いの意外な接点に気がついて親密さが増すことも少なくありません。どの程度説明するかを自分のペースで決められるので、安心して取り組めるという点もよいところです。「偏愛マップ」はこのワークだけではなく、さまざまな場面のアイスブレークとして有効です。

ワーク 4 やる気のもとは何？ 〈28ページ〉

　自分が燃えるとき、つまり、やる気になるときはいつなのか、どんなときなのかを確認します。逆に、燃えないとき、つまり、やる気にならないときはいつなのか、どんなときなのかも確認します。これにより、どんな場面・どんな理由でモチベーションが高まるのか、あるいは失うのかを分析します。

　社会人経験があれば、これまでの仕事の中で考えられるでしょう。生徒や学生の場合でも、これまでのアルバイト経験、学校生活の中での出来事でも考えることができます。できるだけ広い範囲で考えてみるように促してください。燃えた、イケていたという表現ではしっくりしないようなら、「時間を忘れて没頭したこと」「嫌で嫌でたまらなかったこと」でもかまいません。

　グループワークなどで、同じことがらについて「燃える」と記述した人と「燃えない」と記述した人がいれば、コラムの「内的キャリア」を説明するチャンスです。どのような理由、価値観の違いがあるのかを明らかにできるとよいでしょう。

　このワークは、ワーク6の「人生線分析」の後に実施するのも効果的です。人生線を書く中で、これまでのモチベーションの上がり下がりを思い出せるからです。

　授業内にモチベーションについて補足説明をする時間があれば、F.ハーツバーグ（Herzberg）の動機付け・衛生要因論（二要因論）について言及するとよいでしょう。二要因論では、満足したり達成感を感じたりする要因と、不満ややりきれなさを感じる要因は異なるものであるということを述べています。満足できないから不満に思ったり、不満がなくなれば満足したりするというほどわたしたちは単純ではないということです。

　たとえば、休み時間が少ないアルバイトを強いられると不満にはなりますが、休み時間が増えると満足するかというと、そうではありません。逆に、自分の考えた工夫をアルバイト先の先輩や店長からほめられたりすると、「やった！」と思ってさらにやる気になったりしますが、ほめられなかったからといって、すぐにやる気をなくすわけでは

ありません。これらを区分してみると、自分が満足できる要因・不満に思う要因が見えてきます。それぞれの要因を知っておくことは、満足感や達成感を得るためにも、不満な状況を避けるためにも役立ちます。

ワーク 5　出会い　〈32ページ〉

　このワークも、ワーク6「人生線分析」の後で実施してもよいでしょう。人生線を書く中で、これまでに出会った人や景色、出来事を思い出せるからです。

　出会いは、仕事や働くことにかかわることのほうが望ましいでしょう。これまでの作業状態から見て、書けそうであれば、補足として仕事や働くことにかかわる出会いを書いてみるよう、伝えてください。ワーク11のコラム「キャリアの相談室から②　自己分析で気づいた思い込み」のように、きっかけとなった場面を思い出すことがあるかもしれません。

　ある場面が記憶に残っていたり印象に残っていたりするのは、心が動いたり自分の価値観や考え方へのインパクトがあったりしたからです。このワークでは、過去の記憶から、そうしたものを掘り起こしていきます。

　記入シートは、「人」「景色」「出来事」に分けてありますが、これ以外にあってもかまいません（たとえば、「映画」「小説」「コミック」など）。記入する内容は、1つずつでなくてもかまいません。いくつでも挙げてください。それぞれが現在の自分にどんな影響を残しているかを確認してみましょう。何も書けないときには、ワーク1からワーク4に書いてあることを見直してみるのもよいでしょう。

　また、思い出しやすいよう、前の週の授業で、「来週は、これまでに出会った人や景色、出来事などについて考えてみる予定なので、思い出に残っている人との出会いや出来事などを考えておいてください」と、事前課題として提供してもよいでしょう。

　またファシリテーターが自身の経験を語ることも有効です。

ワーク 6　人生線分析　〈36ページ〉

　これまでの人生を客観的に振り返って、グラフとして表現する作業です。

　グラフの形そのものにも意味はありますが、グラフの向きや、角度が変化したその時々など、節目でどのような出来事があったのか、その出来事は自分にとってどんな意味をもっていたのかを考えてみます。ワーク3「わたしは誰？」、ワーク4「やる気のもとは何？」、ワーク5「出会い」で考えたことがヒントになるかもしれません。逆に、このワークが、ワーク3～ワーク5への新たな発見につながるかもしれません。このワークブックのよいところは、そうして気づいたら改めて書き直すことができること

す。気づいたことは、ぜひ、さかのぼって書き直してみましょう。

　グラフの形にパターンが見られることがあります。「周期的に変わっている」「出来事があるたびに落ち込む（あるいは上向く）」などです。こうしたパターンから、自分の行動や考え方の癖に気づくことがあります。これにより、いま調子がよくない（あるいは調子がよい）のは、このパターンに乗っているからだと気づくこともあります。

　マイナス時期から脱したのはどんな理由だったのかを考えてみるのもよいかもしれません。これから先、行き詰まった感じがするときに何とか脱出することができる手がかりを得られるでしょう。また、仮に落ち込んだとしても、自分で落ち込みに対処することができるということがわかれば、これからの仕事人生での自信にもなるでしょう。

　なお、このワークも、ワーク3と同様にかなりプライベートな内容に触れます。このため、グループワークを予定しているときは、最初の説明のときに、「この後、グループワークをしますが、そのときは記入したシートを見せて話してもよいですし、見せたくない場合は見せずに話してもかまいません。安心してシートにはできるだけ自分のことを振り返られるように詳しく書いてください」と伝えたほうがよいでしょう。

　こうしたプライベートな内容でも、あえてグループワークで話してみることの目的は、説明したり、人からフィードバックを受けたりすることで、見方が変わってくるという点にあります。人は自分の体験や人生を語るときに、そこで起きたことすべてを語っているわけではありません。それでは話が煩雑になってしまいますし、そもそもすべては覚えていないものです。

　むしろ、話そうとする内容に合わせて取捨選択をしています。「自分は運がいい」という話をするなら、身の回りに起きたアクシデントをいかにうまくかわすことができたかを取り上げて、避けられなかったことについては触れないでしょう。逆に、「自分は何をやってもうまくいかない」という話をするなら、身の回りに起きたアクシデントや不幸な出来事をできるだけ挙げて、うまくいったことには焦点を当てないようにしてしまいます。つまり、自分の都合のよいように事実を選択して並べているといえます。

　こうした取捨選択は、無意識にやっていることも少なくありません。ところが、自分で説明したり、他の人からフィードバックを得たりしているうちに、これまでとは違った「解釈」があることに気がつくのです。人は自分が見たいように世の中を見て、自分なりの言葉で世の中を説明し、理解しようとします（こうした考え方を、社会構成主義といいます）。そして、その理解に自分自身が縛られているのです。人生線を説明することは、自分の人生について新しいストーリーを得るきっかけにもなります。「ワーク編」の解説でも説明していますので合わせて確認してください。

ワーク7　JobとWork／仕事人生と全人生　〈40ページ〉

　このワークブックでは、「仕事」を狭い意味の仕事（Job）と、広い意味での仕事（Work）に分けて考えるようにしています。狭い意味での仕事＝Jobとは主に報酬を得ることを目的とした仕事で、多くの場合は会社の仕事が含まれます。

　広い意味での仕事＝Workとは、Jobだけでなく、報酬とは無関係にやっている仕事、たとえばボランティア活動や地域活動などが含まれます。

　どちらも大切なものであり、どちらをどれくらい重視するか、時間を割くかは、人によって異なります。これはその人にとっての人生観、労働観の違いともいえます。

　この作業では、実際にどんなJob、Workがあるのかを確認してみることを目的としています。あわせて、全人生における仕事人生の重みづけ、仕事におけるJobとWorkの関係にも目を向けています。

　JobとWorkの違いを体験的に区分してみると同時に、いろんな働き方、生き方があるという多様性にも目を向けるのがねらいです。

　したがって、この作業はワークシート作成の後、ほかの人と話してみることが、より広くJobやWorkをとらえることにつながり、自分はどう考えているのかということと、他者との違いも際だつことになります。

　検討の対象にする人はある程度知っている人でなければ、ウエートはわからないかもしれません。その場合は、推測でもかまいません。

　JobとWork、そして仕事人生と全人生のウエートをどうするかということは、ワークライフバランス（WLB；Work Life Balance）をどう考えていくかということでもあります。

　WLBというと、会社の仕事、つまりJobと家庭とのバランスをどうするかという話になりがちです。しかし実際には、ここで示しているように、会社の仕事以外にも社会的な役割（たとえば、PTAの役員や町内会の委員など）を引き受けなければならないときなども関係していきます。社会的な役割は、広い意味でのWorkに含まれていると考えることができますが、その役割とJob（会社の仕事）とのバランスをいかにするかに悩む人もいるでしょうし、その役割のために趣味の時間や家庭のための時間を削がれることになって悩む人もいるでしょう。WLBは、会社の仕事対家事といった単純な視点ではとらえきれないものなのです。

　WLBのとり方には、模範解答はありません。先に述べたように、自分にとってどのようであれば好ましいのかが答えということになります。言い換えれば、自分がどうしたいかがわかっていないと、満足のしようがないともいえます。

働いていると、このバランスが人によって異なることを実感する場面が多々あります。たとえば、「子どもを迎えに行く」「親の介護がある」「コーチをしている地元の少年サッカーチームの試合がある」といった場面で、そうした役割を優先する人としない人の間で表面化する意見の違いなどです。多様な価値観にもとづき多様な働き方を尊重するとは、こうした日常の場面で、お互いに相手を尊重し合いながら仕事を進めていくということです。時間外勤務が少ない、ノー残業デーがある、育児休業制度が整っているといった職場環境は、WLBの充実度合いを検討するうえで必要なことかもしれません。しかし、各人のもつ理想的なバランスをお互いにどれだけ許容し合えるか、また、許容し合える風土になっているかを見ることも大切であるという点に目を向けたいところです。

ワーク 8 ライフロール 〈48ページ〉

ライフロールはD.E.スーパー(Super)の提唱した考え方で、人は「子ども」「学生」「余暇人」「市民」「働く人」「配偶者」「家庭人」といった役割の組み合わせを人生の中で果たしていくとしています。これを扇型に描いた「ライフ・キャリア・レインボー」(下の図)は、キャリア発達論的な考え方の1つとして、さまざまな場面で引用されています。

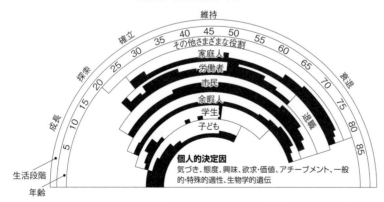

出典：中西信男著『ライフ・キャリアの心理学 自己実現と成人期』ナカニシヤ出版

ここでは、これまでのライフロールと、これからどのようなライフロールを担っていく可能性があるのかを考えてみます。

そんな将来のことはわからないという学生が多いかもしれません。

そのとおりにならなくてもよいし、そうしなければならないというわけでもありません。

将来のことは誰にもわかりませんし、わかるならそもそもこのような作業は必要ではありません。

わからないからここで考えてみようとしているのです。あまり深く考え込むことはなく、いくらでも修正できるという軽い気持ちで書くように勧めるとよいでしょう。

矢印は、そのウエートがどう変化するかを考えてみるものです。少し難しくなるので、省略してもかまいません。ワーク４「やる気のもとは何？」やワーク６「人生線分析」の作業も参考になるでしょう。

また、この作業では、自分だけで世の中が動いているのではないということにも着眼できるとなおよいと思います。キャリアについて考えるということは、まず自分はどうありたいかと自分中心の発想からスタートするのですが、自分がそれにこだわればこだわるほど、他者がそれにこだわることにも理解を示す必要があります。

キャリア開発を進めていると、譲りあわなければうまくいかない場面がどうしても出てきます。そうした場面になったとき、お互いが自分の仕事人生では主役であるということを認め、意識的に主役と脇役を交替することができることが大切なのです。いつも自分が主役で生きている人は、どこかで協力が得られなくなって孤立してしまいます。また、だからといって、いつでも脇役の人生というのも、自分が主役の人生を生きていないという点で適切ではありません。この主役と脇役については、遠藤周作のエッセイ「私はあなたの人生の傍役（わきやく）」（『生き上手死に上手』文藝春秋）が参考になります。御一読ください。

また、このワークは、ワーク７「JobとWork／仕事人生と全人生」で検討したワークライフバランス（WLB；Work Life Balance）について、時間による変化をとらえたものともいえます。生徒や学生の場合は、将来を見通すことで精一杯かもしれません。しかし、社会人、特に、結婚や子どもの誕生というライフイベントが近い人やその最中にある人の場合は、「役割のウエートは変化していくものだし、その変化に対して自ら働きかけることができるということに気がついて、安心した」という感想をこのワークの後で口にすることが少なくありません。

たとえば、育児であれば、子どもの年齢に応じて負担は変化していきます。ですから、いまの状態がいつまでも続くわけではありません。変化するということは、頭の中ではわかっているはずですが、年表に表してみることで、変化がいつごろ起こるのかが目に見えてわかるようになり、対応したプランを具体的に立てられるようになるのです。

これは、親の介護についても同様です。親の介護はいつ必要になるかはわかりませ

ん。つらいことでもあるので、つい目を背けがちで、実際に必要になってからあわてることになってしまいます。起こりうるものとして準備をしておけば、「あのとき○○していればよかった」「もっと○○してあげていればよかった」という後悔も少なくなるはずです。

ライフロールの後に、時間の余裕があれば、女性のキャリア開発の多様性を示す材料として、教育学者の岡本祐子が作成した「現代女性のライフサイクルの木」を紹介するとよいでしょう（岡本祐子著『こころの科学 no.140（2008.9.1）』「女性のライフサイクルとこころの危機」日本評論社）。

「現代女性のライフサイクルの木」は、女性の生き方のパターンを示したものです。岡本によれば、今日の女性の生き方として、青年期から強い自立志向性をもち職業的自

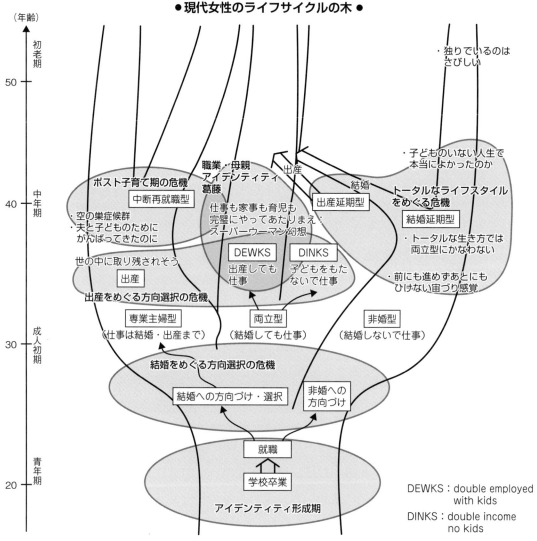

出典：岡本祐子著『こころの科学141号（2008.9.1）』「女性のライフサイクルとこころの危機」日本評論社

立を図ろうとする「個を志向した人生」を選ぶタイプと、夫や子どもといった重要な他者を重視する「関係性を志向した人生」を選ぶタイプに大きく分類ができます。ライフサイクルの木にあるように、卒業して就職するとき、結婚を考えるとき、結婚したとき、出産を考えるとき、実際に出産した後、子どもが自立していったときといった節目で、「個を志向する」か「関係性を志向する」かを選択し、その選択の結果、ライフサイクルの木のような多様な生き方として現れるのです。

　女性にとって悩ましいことの1つは、この選択が自分一人だけの意思では決めづらいということ、そして、後戻りすることができないということにあります。ライフロールの選択は、ライフサイクルの木の中で、どの枝へと伸びていくのかを吟味する作業でもあります。作業の後で、ライフサイクルの木を眺めてみることで、自分が書いたパターンのほかにはどのようなものがあるのか、自分が書いたものは納得できるものなのかを考えてみる時間をとりたいものです。

ワーク 9　キャリアアンカー　〈54ページ〉

　E. H. シャインのキャリアアンカーの概念を用いて、自分が大切にしたいと思うキャリア上のアンカー（錨）を知ろうとするものです。キャリアアンカーとは、働くうえでのよりどころともいえるようなもので、何らかのキャリア上の選択をするときの手がかり、あるいは、方向性を示すものです。仕事をしていくうえで、大切にしたいと思うこと、有能感や自己効力感を感じること、重視する価値観をいいます。

　キャリアアンカーを見出す手がかりとしては、シャインの考案した40個の質問に答える形式によるもの（E. H. シャイン著、金井寿宏訳『キャリア・アンカー　自分のほんとうの価値を発見しよう』白桃書房）と、特定非営利活動法人日本キャリア・カウンセリング研究会（JCC）が主催するキャリア開発ワークショップ（CDW）の中で実施される直接比較方式によるものがあります。しかし、このワークでは、就労経験の少ない生徒・学生であることを考慮して、「アンカーをもつ個人の行動、言動への共感度」を手がかりに自分のアンカーを探るという別の方法を用いました。このワークで大切にしたいのは、どのカテゴリーに属するかを決めることよりも、これまでの経験を結びつけながら、どのカテゴリーが自分にとって一番しっくりするかを考えて、説明することです。キャリアアンカーで取り上げられている8つのカテゴリーは、シャインによれば、職種には関係のないものです。本文にあるように、同じ職種、同じ職場の人であっても、キャリアアンカーは異なることがあるのです。逆に、違う職種、違う職場の人が、同じキャリアアンカーになることもあるのです。まったく何もない中で自分の価値観やよりどころとなるものを探し出すのはなかなか難しいのですが、ワークの中で8つ

のカテゴリーを示し、その中から選べるようにすることで、わかりやすくしました。

ただし、わかりやすいということは、各人の細かな違いを捨て去っているということにもなります。このワークではその繊細な違いの部分を自分の言葉で補うようにしています。言葉で補うことが自分のことを丁寧に理解することにつながりますし、他者にわかりやすく説明するときにも役立ちます。他者の理解を得ることは、キャリア開発上のチャンスをもたらしてくれる人を増やすということでもあります。

シャインは、自分にとってしっくりとするキャリアアンカーが定まってくるのは、一定の職業経験を踏まえた30歳代から40歳代にかけてであるとしています。ですから、この作業は何度か繰り返してみることも大切です。キャリアアンカーを読むタイミングによって、これまでとは違った人（カテゴリー）に興味が引かれたり、異なる言葉やフレーズが気になったりすることがあります。そうした変化があったときに、なぜ変化したのかを考えてみると、よりいっそう自己理解が深まっていきます。

ワーク10 好きな役割 〈64ページ〉

この作業は、J. L. ホランドのパーソナリティタイプと職業環境タイプに関わる考え方にもとづいたものです。解説にもありますが、ホランドは人間のパーソナリティを6つのタイプに分けました。その一方で職業とその環境についても研究し、これも6つのタイプからなっており、同じパーソナリティの人は同じような職業環境を求めるとしています。これを質問紙によるテストにしたのが、VPI職業興味検査です。

ここではホランドの理論そのものではなくて、「**6つのタイプ**」という枠組みを借りています。その6つのタイプになぞらえた役割の中から自分が選んだ役割について、それは具体的にはどんなものだと思うか、なぜそれを選んだか、どこがおもしろいと思うかを話し合ってみることで、以下の点に気づくことを目的としています。

① 同じ役割でも、具体的にやろうと思っている内容は人によって異なっている。
② 同じ役割でも、どこをおもしろいと思うかも人によって異なっている。
③ いくつかの役割について話してみることで、自分の中の判断のよりどころを知る。

わたしたちはイメージによって左右されることが多いこと、具体的に仕事について聞いたり調べたりしないとわからないということ、そしておもしろいと思うポイントや理由は人によって異なることを、体験的に理解しようとしています。

まさに外的キャリアは同じでも内的キャリアが違うと感じ方が異なるということです。③の判断のよりどころとは、内的キャリアそのものだといえるでしょう。

この作業の後では、必ず次のページの点を確認してください。

- ☐ どんな外的キャリアを選ぶのかはもちろん大切だが、内的キャリアに気づくことも同様に大切であること。
- ☐ 外的キャリアと内的キャリアの関係は切っても切れない関係なので、あわせて考える必要があるということ。
- ☐ テストの結果は、それそのものを信じるのではなくて、どんな意味があるのかを考えてみることが大切（ワーク9「キャリアアンカー」のコラム（57ページ）を参照）。

ワーク 11 職業マイニング 〈70ページ〉

　職業選択をするには、その対象である職業のことを知っておく必要があります。しかし、わたしたちは、それほどいろいろな職業を知っているわけではありません。

　生徒や学生の場合、働く人の姿を自分がよく行く店かアルバイト先でしか見たことがないことが多いので、イメージしづらいことがあります。もっとも身近な働く人である親については、家での姿を見ることはできても働いているときの姿を見ることができません。一人の人について、家での姿と働く人としての姿との両方を見ることができるとよいのですが、なかなか機会はないものです。

　そこであえて、知っている職業を増やしてみようというのが、このワークの目的です。「ラッキーナンバー」というほぼ無作為な数字を創り出し、そこから探索を始めるのは、自分の知っているものからではないところからスタートし、関心の幅を広げるためです。

　職業への関心の幅を広げるという意味では、ワーク12「あなたのカイシャ」も同様です。「職業マイニング」が業界や業種を切り口としているのに対して、「あなたのカイシャ」は、多くの会社にある業務や職務を切り口としていることが異なっています。

　このほかに職業への関心の幅を拡げる方法として、働く人を取り上げたテレビ番組を用いることも有効です。NHKでは、古くは「プロジェクトX～挑戦者たち～」が、最近では「プロフェッショナル　仕事の流儀」や「仕事ハッケン伝」が該当します。特に、「プロフェッショナル　仕事の流儀」「仕事ハッケン伝」は、個人に焦点が当てられているので、なぜ働くのかという「内的キャリア」について理解を深めるためにも効果的な教材です。「仕事ハッケン伝」のほうが、より親近感があるかもしれません。「プロフェッショナル　仕事の流儀」は、すでにその道を究めた人についてのものが多いのに対して、「仕事ハッケン伝」は、その仕事に初めて取り組む人についてのものだからで

す。「プロフェッショナル　仕事の流儀」を教材とするのであれば、書籍化されたものの方が適しているかもしれません。登場人物個人の内面がより深く取り上げられているように思います。

　こうした教材をアイスブレークの1つとして用いることは、働き方という広い意味での職業理解を促進するだけでなく、仕事人生のあり方にも目を向けることになります。

ワーク 12　あなたのカイシャ　　〈76ページ〉

　ほとんどの会社が生産性を引き上げるために分業を行っており、その一つひとつが部や課と呼ばれます。分業の程度は会社の規模や歴史、業種などによって異なりますから、実際にある部門の数や名前も会社によって異なっていますが、このように機能別に分けられていることに変わりはありません。

　学生、社会人に限らず、ほとんどの人はこの分業体制の中で、自分の経験した部署の仕事しか知らないのではないでしょうか。この作業は改めて会社の中の仕事をとらえなおしてみようというのが目的です。

　顧客と接点のある部門や、花形の職場、話題になりやすい部門のことはよくわかっていることが多いのですが、製品作りやサービスの面などでそれらを支えている部門や職場のことは、あまり知られていなかったりします。そうした部門にも焦点を当てると、これまでとは違ったキャリア上の選択肢が得られるかもしれません。

　また、どんなところに勤めるかということよりも、どんな職務をするかに焦点を絞るべきだという考え方、いわゆる「就社ではなくて就職を」といわれることが増えています。このこと自体は大切なことですが、たとえば何か自分の好きな製品あるいはサービスを提供している会社の役に立ちたい、あるいはそうした会社にいることで社会に貢献したいという考え方も、けっして間違っているわけではありません。

　また、会社の経営という視点から見たときも、何ができるかということも大切ですが、会社が目指そうとしていること、たとえばお客さまへのサービスをもっともっとよくしたいという「価値観」に共鳴してくれることも大切だというのも事実です。「特にこの仕事がしたいというわけでもないが、この会社の考え方が気に入っているので、ぜひ、その経営理念の実現に貢献したい」という人材も、会社にとっては大切な存在なのです。「自分はこの会社（あるいは製品、サービス）が好きだ。どのような形であれ貢献したいので自分の持ち味を生かせる部署を探したい」という発想も、職業選択の場面では有効なのです。この作業はそうした面での、つまり、会社の中で自分はどんな機能が担えるだろうかという分析でもあります。

　この作業のもう1つのポイントは、「ある仕事をしたくて入社しても、すぐにその仕

事には就けないことがある」という現実への対処を身に付けるということです。志望した部署に配属されないことは少なくありませんし、最初は配属されていても、ある時期にはそうではない部署に異動になることがあります。そのとき、「その職場では何ができるだろうか」という意識をもてるかどうかが、早期離職を避けられるかどうかの1つの鍵になります。「随所に主となる」という言葉があります。いまいるその場できちんとその役回りを主体的に果たしていくのも大切なことです。会社の中に不要な部署はありません。自分のいる部署はどのような機能を担うのかを常に考えることが必要であると理解できるとよいでしょう。

　さらに、会社はいくつもの部署が有機的につながってできていること、その部署と部署をつなげるのは、それぞれの部署にいる人同士のコミュニケーションであることにも気づけると、コミュニケーション能力の大切さがいっそう理解できるものと思います。作業の最後にこの点を指摘しておくことは、仕事さえできればそれでよいのだという間違った思い込みを避けることにつながります。

　なかには、自分で店を開くので会社の中はわからなくてもよいと考える人もいるかもしれません。しかし、個人事業主であっても、会社としての機能は必要で、要はそれを一人でやっているにすぎません。言い換えれば、この作業をすることで、もし自分が店をつくるなり、起業するなりしたときには、自分の専門とするところ、興味・関心のあるところだけをやればよいというわけではないという現実に目を向けることにもなります。

ワーク 13　好き嫌いで選んでみよう　　〈82ページ〉

　「社風が良い会社」「一生続けられる会社」といった仕事を取り巻く「価値」を書いたカードを、自分にとっての重要度順に並べてみる作業です。

　実際に、自分の手でカードを1枚1枚動かしていく作業は「カードソート法」と呼ばれ、紙に書かれたリストに順番を付けていくのとはまた異なる効果をもっています。

　比較した結果、何を一番大切にしているのか、また全体の序列はどうかということがわかりますが、その作業をしているときにどんなことを考えたか、どんな方法で序列を付けたか、その基準は何か、どこが簡単でどこが難しかったか、といった点についても振り返って考えてみることが効果的です。

　また、追加した2枚のカードは、その人の持ち味を示す特徴的なカードといえるかもしれません。

　このワークでは、株式会社マイナビが、毎年、大学生を対象に実施している「マイナビ大学生就職意識調査」の結果と比較しています。比較をしているのは、自分の特徴を

確かめるためです。多くの人が選んでいる項目を選択しているからよいというわけではなく、逆に、多くの人が選んでいる項目を選択していないから独創的だというわけでもありません。さらにいえば、ほかの人が何を選んでいるかを気にする必要もないのです。大切なのは、なぜそれを自分が選んだのか、その理由をわかっておくことです。

また、ワーク9の「キャリアアンカー」と同様に、この作業で付けた順位も、自分のキャリアを考える作業を進めていくうちに、また、就職活動を進めていくうちに、変わってくることがあります。あるいは、グループワークで話しているうちに変わるということもあります。順位が変化することはよくあることです。どうして変わってきたのか、そのきっかけを振り返ってみるとよいでしょう。

ワーク 14 もっともな、モットー 〈86ページ〉

就職活動中にも、また仕事に就いた後も、「間違った思い込み」に振り回されて、疲れ果て、心の健康を害してしまう人が少なくありません。当人にとっては致命的に思えるミスも、端から見るとたいしたことではなかったりします。ですが、「間違った思い込み」「間違った信念（モットー）」が、そうした冷静な判断を阻害してしまいます。この作業は、自分のもっている間違った思い込みや信念に気づくことを目的としています。

論理療法で知られるA.エリス（Ellis）は「人間の悩みは出来事そのものに起因するのではなく、その出来事をどのようにとらえるかによる。つまり、考え方によるところが大きい」と考えました。「採用試験で落ちた」という出来事に対して、「わたしは何をやってもだめだ」ととらえるのか、「採用されないのは今回は自分の説明の仕方が不十分だったからだ」ととらえるのかによって、同じ出来事（採用試験に落ちたこと）でも結果として抱く感情が異なるというわけです。

このワークでは、間違った思い込みとなりやすい考え方を取り上げ、それについてどのような行動をとっているかを見ることで、自分の思い込みを確認しています。

ただし、大切なのは「これらの思い込みをしてはならない」というのではないということです。「思い込みをしてはならない」というのも、間違った思い込みです。程度問題なのです。「やるならパーフェクトにやりたい」。これは大変結構なことです。こんな熱心な人になら、安心して仕事を任せることができそうです。しかし、度がすぎて「関与したものはすべてパーフェクトに仕上げなければならない」ということになると、これは疑問です。大切なのは「できるだけパーフェクトにしたい」「そうなるように努力しよう」ということです。こんな「いいころあい」が理解できるようになるとよいのです。すぐにそうなることは難しいかもしれません。しかし、まず自分がそうした傾向、

思い込みをもっているということに気づくことが第一歩です。ワーク14の作業がきっかけの1つになればと思います。

ワーク 15 分析結果の整理　　〈94ページ〉

　ここまでの作業をいったん振り返って整理してみる作業です。ここまでいろいろな角度から自分を見つめ直しています。そのままにしておくと、「おもしろかった」で終わってしまいます。改めて何がわかったのか、わかったことが自分にとってどのような意味をもつのかを考えます。

　整理することで新たにわかってくることもあるでしょうし、もう一度分析し直してみようと思うところも出てくるでしょう。その場合は、ぜひ分析をし直すことを勧めます。

　自分のことを理解するための作業は、次々と新しいものに取り組むよりも、同じものを何度か繰り返してみて、繰り返すなかで変化してきているところに目を向けることのほうが、意味があることが多いようです。なぜなら、その変化こそが、この数か月間の成長だからです。このワークブックは、就職活動中にも、就職した後に何か悩むことがあったときにも、振り返って考えるための参考資料となるでしょう。

ワーク 16 なりたい自分（キャリアゴール）　　〈98ページ〉

　最終的に、なりたい自分について考えてみます。このワークの最終的な自分とは、定年のころ、あるいは仕事人生をリタイアするころという意味です。「最後にこうなっている」というように考えてもかまいませんし、仕事人生を終えるまでにやっておきたいこと、到達しておきたいところというように考えてもかまいません。

　少なくとも、「就職活動のゴール＝内定」という意味ではありません。改めて言われなくてもわかることなのですが、就職活動をしていると、ついつい内定を得ることが目的になってしまうことがあるのです。もちろん、内定を得て、就職する場所を確保しなければ、その先は始まらないと思うことでしょう。でも、実際に働くのは、就職してからです。長い目で見ると、内定は通過点の1つでしかないのです。

　そんな先のことはわからないし、決められないという人は多いと思います。ワーク8「ライフロール」のところでも解説をしたように、先のことだからこそ考えてみているのだと思って、後で変えることも当然あってかまわないという前提で、書いてみることを勧めてください。

　「決めてみる」ということを体験することで、自分はいま、決めることができるのかできないのかということがわかります。決めることができないとすれば何が決められない原因なのかを考えればよいのです。また、決めることによってその後の行動も変わっ

てくることも、体験的に理解できるようになります。

　なお、一度決めたら変えられなくなってしまう生徒、学生も少なくありません。この作業の終わりには、変えてもよいことと、変えるのであればここまでの自己分析作業の結果もあわせて見直してみることを勧めてください。

　なお、最終的に、「なりたい自分」は1つでなければならないわけではありません。2番め、3番めもあってかまわないのです。2番め（2nd-Best）、3番め（3rd-Best）を考えてみると、同じような部分があって、途中まではほぼ同じような経験をしていけばよいということに気がつくこともあります。もしそうなら、少なくともそれまでは、絞り込まなくてもよいということになります。よい意味で先延ばしできます。ぜひ、2nd-Best、3rd-Bestも考えるようにしてください。

ワーク 17　キャリアパス　　〈102ページ〉

　最終的な自分に至る道筋を書いてみるのがキャリアパスです。

　道筋として見てみると、いまの時間をいかに大切にしなければならないかという感覚と同時に、とはいっても人生の長さからみるといまだけの話でしかないということ、つまり「いましかないけれど、いまでしかない」ということに気がつくものです。そう思えるとその後の活動に気持ちの余裕をもつことができます。

　ワーク16「なりたい自分（キャリアゴール）」で複数のゴールを書いている人には、ぜひ、それぞれにキャリアパスを書いてみるように勧めてください。

ワーク 18　最後で初めのワーク　始める一歩！　　〈106ページ〉

　ゴールに向けて、実際に取り組めることを書き出して、行動に移すための作業です。目標を決めただけでは動き出せません。目標に向けて何をしなければならないかを検討するのが目的です。

　ここで大切なのは、優先順位のつけ方です。大切さ・重要さという切り口と、緊急性という切り口で考えるとき、重要かつ緊急なものを最優先するのは正しいのですが、緊急だけどそれほど重要ではないものを、重要だけれど緊急性の低いものよりも優先させていると、結局いつまでたっても緊急対応ばかりで疲弊してしまうということを理解しておく必要があります。

　また、計画がうまくいきそうになくなったとき、目標を見直すのではなくて計画を見直さなければならないことについても言及しておきたいものです。

5 重要な概念

最後に、このワークブックに出てくるいくつかの重要な概念をお伝えします。

それぞれ、ワークブックの解説やコラムの中でも取り上げていますが、改めて確認の意味を含めて説明をしておきたいと思います。というのは、この概念を取り違えていると、結果的に作業をしている意味がなくなってしまうことになるからです。

❶ キャリアとは仕事人生

キャリアという言葉の使い方、使われ方はさまざまです。「キャリアアップ」という言葉で使われるキャリアには、「能力」や「肩書き」「処遇」という意味が含まれているようです。

「あなたのキャリアだと、あの会社のへの転職は難しいかもしれませんね」というときには、「能力」のほかに「経歴」「職歴」という意味があるようです。

「彼はキャリア組だから」というと、もはやまったく違った意味で、国家公務員上級試験合格者、あるいは「出世コースに乗った人」という感じです。

キャリアという言葉は、教育心理学や発達心理学、組織心理学、社会学などさまざまな領域で使われ、その領域ごとに少しずつ定義が異なっているようです。

このワークブックでは、キャリアとは「仕事人生」ととらえることにしました。

「仕事」という観点から見た人生の展開です。これまでのことも、いまのことも、これからのことも含んでいます。

また、下の図のように仕事人生は全人生の中の一部分です。ですから、人生上の出来事や人生観の影響を受けます。逆に、仕事上の出来事や仕事観が人生に影響を与えることもあります。

それはたとえば、「結婚したい人がいるけれど、転勤で遠距離恋愛になってしまった」（仕事人生→全人生）、「子どもが生まれて子どもとの時間をすごしたいから、これまでのように深夜残業、土日出勤当たり前というのは嫌だな」（全人生→仕事人生）

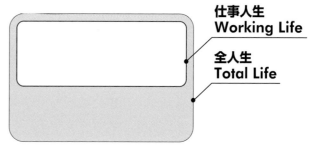

●キャリアとは仕事人生●

仕事人生 Working Life
全人生 Total Life

出典：横山哲夫他著『キャリア開発／キャリア・カウンセリング』生産性出版

といったようなことです。

　そしてわたしたちは、全人生と仕事人生の兼ね合い、バランスを、人生展開のその時々の状態に合わせながらうまく保ちたいと考えているといってよいでしょう。

　また、自分にとってのキャリアを考えるということは、仕事人生について考えるということですから、過去の仕事のことだけではないのは当然のことであって、将来を含めてどんな仕事をするのか、どんなふうに働いていくのか、どんなふうに生きていくのかということを考えることなのです。自分にとって望ましい人生の質（Quality of Life）と仕事人生の質（Quality of Working Life）を考え、それを実現しようとする営みがキャリア＝仕事人生だといえるでしょう。

❷ 内的キャリア

　仕事人生を考えるうえで、つまり自分のキャリアを考えるうえでもっておきたい2つの視点が、内的キャリアと外的キャリアです。

　内的キャリアとは、働きがいであり、生きがいです。自分にとっての働くことの意味・目的（仕事の質）、自分にとって生きていくことの意味・目的（人生の質）が内的キャリアであり、その視点で自分の仕事人生を眺めるとき、この仕事をしていて楽しいか（やりがいを感じるか）、楽しいとすれば（やりがいを感じるとすれば）それはなぜなのか、どうだったら楽しいのか（やりがいを感じるのか）ということが問題となってきます。あくまでも自分の内的な世界のことです。

　一方、外的キャリアとは、どんな仕事をしているのか、どんな業界で働いているかといった、仕事の種類や仕事の分野に該当するものです。内的キャリアが本人の内的なもの、外からはすぐにはわからないものであるのに対して、外的キャリアは仕事の名前や役職名などのような言葉で比較的簡単に伝達することができます。それは外的なものであり、事実が中心だからです。

　自分にとっての内的キャリアがわかっているということは、仕事にやりがいを、人生に生きがいを感じるうえでとても大切なことです。なぜなら、先に述べたように、仕事を楽しいと思うかどうかに関わっている部分だからです。たとえ外的キャリアが同じであったとしても、その仕事をやりたいと思っている人と、おもしろくないからできれば早く仕事を変わってしまいたいと思う人の間では、生産性も創造性もまったく異なっていることが想像されるでしょう。なぜなら、内的キャリアを充たせるような仕事でないと、やりがいが感じられず、仕事に乗れないからです。嫌々やっている仕事だと、どうしても詰めがあまくなったり、もうひと工夫してみようという気持ちにはなりません。内的キャリアを自覚していれば、充実感が得られる仕事に出会える可能性は高くなりま

す。仕事がおもしろいと感じられれば、いろいろな発想も浮かびますし、ちょっと試してみるか、チャレンジしてみるか、という気にもなります。

　自分の内的キャリアが理解できていないと、充実感の得られる仕事をする可能性は低くなります。なぜなら、手がかりがないので行き当たりばったり、手当たりしだいに探さなければならなくなるからです。

　内的キャリアを自覚していると、会社では自己申告書などでアピールすることができるようになります。自覚できていないと不満なままでいるしかなかったり、他者に誘われて自分の内的キャリアに本当に合致しているかどうかにかかわらず転職してしまうことになったりします。そこでまた同じことが繰り返されるかもしれないことは、容易に予想がつきます。

　自分の内的キャリアに気づくことは、それほど簡単なことではないかもしれません。文字どおり人間の内的な世界のことだからです。ここに目を向け、耳を傾けようとしているのがこのワークブックで取り上げたさまざまなワークです。内的な世界に関心を向ける作業にひとりでじっくりと取り組んで、グループワークでさらに理解を深め、再確認しようとしています。キャリアカウンセリングを利用すると、よりよくわかるでしょう。

　一方で、内的キャリアは外的キャリアと不可分であることも事実です。働いて初めて見えてくること、わかること、感じられることがあります。また、内的なものばかりに目を向けていてよいというわけではありません。「人の役に立っていると実感できることが大切で、これが働きがいだ」といくら思っても、そのことを感じられる実際の仕事、つまり外的キャリアが見つからないと、その満足感は得られません。外的キャリアを通して内的キャリアを確認したり、内的キャリアという視点から外的キャリアを見るとどう見えるかというように、行ったり来たりしながら考えていくものなのです。

❸ 自己理解

　自分の内的キャリアについての理解を深めていくことは、自己理解を深めていくということにほかなりません。他者のキャリア開発を支援するとは、その人の自己理解が進んでいくことを支援することになります。ここで大切なのは、支援をする人も自分にとってのキャリア、自分にとっての働く意味・生きる意味がわかっている必要があるということです。自分の自己理解ができているということです。

　なぜでしょうか？

　第一に、自己理解できていないと、相手のことをきちんと受け止められないからです。誰しも信念や価値観をもっています。これに合致しないものには嫌な感じを抱きま

すし、合致していれば好意をもちます。「内定が決まった会社は上場企業だし、親もとても喜んでくれている。でも、自分が考えていることとは何となく違うような気がするので辞退しようと思う」という学生を目の前にしたとき、「いい会社なんだから、とりあえず入ればいいんだよ。入って仕事をすれば、きっとやりがいも感じるだろうし、どうしても気に入らなくなったなら転職することもあるだろうけど、大企業にいたという経歴があったほうが転職には有利だよ」と言ってしまえばどうでしょうか？　このような回答そのものが問題であるとはいいません。しかしこれは答えた人の考えであり、価値観です。

　そのことに自分で気がついていて、自覚的に回答しているのであれば、その後の学生の反応に注視するでしょう。ところが、自分はどういう人間かということがわかっていないまま、自分の価値観であるということに無自覚なままだと、そのまま押し付けてしまいそうです。相手の価値観に沿って支援するなら、「何となく違うような気がする」という自分の気持ちはどこから来ていることなのだろうかということが気になるはずです。自己理解が進んでいないと、支援する人の思った方向へ無意識に導いてしまうことになるのです。

　自己理解が必要な第二の理由は、その大切さを実体験として理解できているからです。たとえば、自分のキャリアアンカーはこれだなというのがわかっていて、仕事をするなかでそのことを実感できると、確信が得られ、自分に自信のようなものが感じられます。それが自己への信頼感につながります。そうした体験があるから、その重要性を語れるのです。

　とはいえ、自分のことを理解するのは、それほど簡単なことではありません。そのことを知っているというのも、支援する人が自己理解できていることが必要な理由です。それを知っているから、決められなくて、悩んで立ち止まっている人の気持ちがわかるのです。

　もう1つの自己理解が必要な理由は、それが自分の仕事人生を生きていくうえでの自分なりの物差しを持つことにつながるという点にあります。自分の物差しを持つと、他者の物差しも同様に尊重できるようになります。

　では、自分の物差しとは何でしょうか？　自分はどれくらい自分のことがわかっているのでしょうか？　そうした疑問が出てきたら、自己理解を深める作業をぜひ行ってみてください。たとえば、特定非営利活動法人日本キャリア・カウンセリング研究会（JCC：http://www.npo-jcc.org）が主催するCDW（キャリア開発ワークショップ）では、2泊3日の時間をかけ、自己分析作業（いわば自己カウンセリング）とキャリアカウンセリング（一対一のカウンセリング）、グループワーク（グループカウンセリング

を通して自己理解を深めていきます。このような場を活用することも有効といえます。また、自分に合ったスーパーバイザーやメンターをもっておくことも有効でしょう。

　自己理解は一度すれば十分というものではありません。自己そのものが変化し、成長していきます。他者のキャリア開発を支援する人は、常に自分のキャリアをきちんと考えようとしていることが大切です。

❹ 最後に

　就職を控えた学生の方に向けたワークブックは、すでに数多く出版されています。その中でこのワークブックを企画・出版することになったのは理由があります。

　まず、内的キャリア理解をもっと大切にしたいという点があります。「就職活動によく効く」「面接を乗り越える法」といった書籍は、その目的、つまり当面の課題である「就職」に対しては有効だと思いますし、よく研究されています。しかし、その一方で、苦労をして就職したにもかかわらず数年で離職してしまう人が多いのです。やむにやまれぬ事情があるなら仕方ありません。でも、そうでもないことが少なくないのです。

　日本国憲法で職業選択の自由が保証されていますが、実際にかなり自由に仕事を選ぶことができるようになったのはここ数十年のこと、日本の長い歴史からみればまだ日は浅いといえるでしょう。この間に、「仕事を選ぶ」ということについては、あまり真剣に考えられてこなかったように思います。選べるようになったということは、選ばなければいけなくなったということでもあります。自由だからこそ、選ばなければならなくなり、その結果については自己責任になるのです。それなのに残念ながら、選び方については、あまり検討も教育もされてきませんでした。選ぶためには、自分なりの基準が必要です。その基準は内的キャリアに大きく拠っています。だからこそ、内的キャリアにもっと目を向けた本があってもよいのではないかと考えたのです。

　これまでも記したように、内的キャリアは個人の価値、意義の世界の話です。自分でじっくり考えてみる以外に、自分の内的キャリアを知る方法はありません。冒頭に掲げた、このワークブックの変わっているところも、この理由によるものです。

**　たとえば、本書には解答がありません。模範例もありません。**

　個別のキャリアに解答を示すことは、とうてい無理な話です。つまり、書いてあったとしても、しっくりこないものになってしまいます。

　また、模範例が書いてあると、どうしてもその例に引っ張られてしまいますし、例がある以上書けることが前提になってしまいます。

　実は、書けないということにもそれなりの意味があると考えています。人生のある時

点では書けないことはありますし、書けなくてもかまわないのです。書けないからだめだと思うのではなくて、いまは書けないということを認め、書けるようになるために何をするかを考えてほしいのです。

たとえば、「〜かもしれません」といったややあいまいな、教材らしからぬ表現が多くあります。

そのようにならなければいけないという思い込みをもたないようにするためです。「〜である」と決めつけると、そのようにすればよいのだから実は簡単なことなのです。「〜かもしれない」と言われると、ほかの可能性も探さざるを得ません。そのことが自己理解に深みを生むのです。

たとえば、若い世代向けなのに字が多いです。

「若い世代は活字が多いとやる気を失ってしまう」といわれます。しかし、すべての若者がそうというわけではありません。言葉を大切にしている若者もたくさんいます。

「面倒がって書かないんじゃないの？　もっと記号を選択すればよいような、チェックリスト方式のほうが楽でよいのでは？」というご意見もあります。

仮にそうだったとしても、はたしてそれでよいのでしょうか？　わかりやすいということが、考えなくてすむということなのであれば、考えることを目的としているこのワークブックは、そもそも話が違うということになります。

選択式は親切ではありましょうが、あらかじめ選択の幅を限定しているという意味では大きなお世話かもしれません。

わかりやすく記述することは制作者として必要な心がけだと思います。ですが、実際の仕事では、難解な文書を読まなければならない場面があります。お客さま、取引先からの文書は、すべてが読む人の立場で書かれているわけではありません。報告書や企画書も書かなければなりません。

文字以外の手段で伝えられるところについては相応の配慮をすることも必要ですが、文字でしか伝えられないこともありますし、文字を追って考えてみるという機会を減らさないようにしたいと考えました。

たとえば、ちょっと理屈っぽいです。

感覚的に「こうだな」と結果が判断できるのが、わかりやすくてよいのかもしれません。

でも、実際の世の中は、なかなかきっぱり割り切れるものではありません。あちらを

立てればこちらに迷惑がかかったり、よかれと思ってやったことが意外なところで問題になっていたりします。そうしたときに頼りになるのは、自分の中にある判断基準であり、それをきちんと人に納得してもらうための「理屈」だと思います。なぜ、そう考えるのかを理解してもらうためにも理屈は必要ですし、そこを理解してもらえると、頼もしい協力者になってもらえることが多いのです。

　このワークブックは自分のキャリアについて「考える」場です。
　JCC「WORK語り合いプロジェクト」で開催しているグループワークを主体としたワークショップで、自分にとって働くという意味について懸命に考えたある学生の方が、最後にこんな感想を教えてくれました。
　「じっくり考えて疲れましたが、スポーツの後のような爽快感があります」
　18のワークを終えたとき、「頭と心がいい汗かいたな」と思っていただければと思います。

改訂版のあとがき

　このワークブックは、いかによい会社に就職するかという「How to do」（どうすればよいか）を提供するのではなく、それ以前に、そもそもどう働いていたいのかということについて、さらに、そもそもどんな自分でありたいのかという「How to be」（どうありたいか）について、考えてみることができるテキストはないものだろうかということから生まれ、はや10年が過ぎました。この間、大学など学校をはじめ企業内、あるいは、再就職支援の場などで「使っていますよ」という言葉をいただき、わずかばかりでもお役に立てているのだなぁと実感しております。このワークブックを使っていただいた後には、ぜひ、感想をお聞かせください。

　10年も経てば、世の中は変わるものです。大きな災害や事件が、日本に、そして世界に訪れました。そして、日本の社会は、何となく閉塞感が増しているように思います。

　その一方で、これから社会に出ようとする生徒や学生の方々とご一緒していると、未来に向けたエネルギーのようなものを感じます。まるで、「バブル期みたいな過去を知る人たちから見ると世の中暗くなったかもしれないけれど、いまを生きる自分たちにはまったく違う情景が見えているのだ」と言っているように感じます。きっとそうなのだと思います。過去と比較するから閉塞しているように見えるだけで、これから社会に出ようとする生徒や学生には、自分たちなりの未来が見えているのでしょう。その手がかりとして、このワークブックが役に立てば、どんなに幸せなことだろうと思います。

　キャリアにかかわる研究も、ここ10年の間に進みました。このワークブックを開発した当時は、「キャリアって、何？」という反応がまだまだ強かったのです。いまでは、各大学に「キャリアセンター」があります。かつて就職にかかわることは「就職課」「学生課」といったところで片手間に対応されていたことを考えれば、隔世の感があります。当時は会社の中でも、「キャリアを考える」というと、転職やリストラをイメージされることがしばしばでしたから。

　しかし、キャリアについて変わらないところもまだまだあります。企業の採用方法は「新卒一括採用」が主流のままです。就職活動を始める時期はその年によって前に寄せられたり後ろに寄せられたりしていますが、就職活動の本質はあまり変わっていません。選別の方法も、検討されてはいるものの大きな変化には至っていません。新卒一括採用という方式をとる以上、大量の応募者に対して一時期に対処しなければならないと

いう事情があるからともいえるでしょう。

　また、入社してから3年以内に3割程度の方が離職する傾向も変わっていません。

　私は、経営コンサルタントとして、人事制度の構築・運用という角度から企業の経営活動を支援していますが、採用する側も採用される側も、キャリア開発の主体は誰にあるのか、何をもってよいと判断するのか、あいまいなままであるように思います。

　採用する会社から見ると、大切にしたいのは、採用された人がこれからどう成長し、組織の成長に貢献してくれるのかという点です。出世の階段を上って管理職として活躍してくれることがありがたいということもあれば、担当部署でしっかりと職務を遂行してくれることがありがたいということもあります。結果的に、勤続年数が長くなることもあれば、短くなることもあるかもしれませんが、働く人の持ち味が活かされることが大事なのです。

　一方、働く人からすれば、もちろん生活を豊かにするだけの所得水準を確保したいということはありますが、だからといって、自分を捨てて働けるかというとそうではありません。やはり、自分がここで生きている、働いているという実感はほしいものです。そして、年数を重ねるにつれ自分が成長していると思えることも大切です。人間は、そういう生き物だからです。だとすれば、働くわたしたち自身も自分の持ち味を知っておく必要があります。誰かが見つけてくれるものではありません。

　その持ち味を知るうえで大きな手がかりになるのが、「How to be」（どうありたいか）であり、「内的キャリア（働きがい、生きがい）」です。いかに、どこに就職するかという「外的キャリア」だけではなく、自分の「内的キャリア」の自覚、充実が大切なのです。働くこと、生きることについて、自分なりの答え、自分なりの物差しを持つことが必要です。このワークブックが、基本的な考え方に力点を置いているのは、自分なりの答え、自分なりの物差しを持つためです。

　この目的を達成するためには、キャリア開発を支援する方自身が、自分のキャリアを真剣に考えるということがどういうことなのかを知っておくことが不可欠です。ぜひ、ご自身もワークブックへの書き込みを行ってください。そして、グループワークを行い話し合ってみてください。考え方の根底には、特定非営利活動法人日本キャリア・カウンセリング研究会（JCC）の基本的な理念である、「個と組織の新しい共生」「個人主導のキャリア開発」があります。「個と組織の新しい共生」「個人主導のキャリア開発」を体験・実践するための場として、キャリア開発ワークショップ（CDW）がJCCで開催されていますから、ぜひ、体験なさってみてください。

ワークブックの作成にあたっては、直接・間接的に多くの方のご協力をいただきました。東京外語専門学校（当時）の深尾紀子先生、日本電子専門学校の船山世界先生、オフィスCMCの鈴木浩子先生、一般社団法人大阪府経営合理化協会（当時）で学生のキャリア開発支援をしている土肥真琴先生、大学でキャリアカウンセラーをしている大神光江先生にコラムのご提供をいただいたほか、トラベルジャーナル旅行専門学校（当時）の東條仁英先生、国際理容美容専門学校（当時）の鈴木政信先生、ほか多くの方々から貴重なアドバイスをいただきました。ありがとうございました。

　また、キャリアについての考え方、日本におけるキャリア開発はどうあるべきかということについて（それだけではなく、筆者自身の内的キャリアへの影響も多大なのですが）、JCC顧問である横山哲夫氏に多くの示唆をいただきました。横山氏が私にとってのキャリア開発の父だとすれば、キャリア開発の兄貴に当たる前JCC会長の今野能志氏にも多くのことを教えていただきました。2014年2月、今野氏があまりに惜しい年齢でこの世を去られたことが、残念でなりません。

　日本能率協会マネジメントセンター出版事業本部の皆様には大変お世話になりました。特に、初版においては太田昭彦氏、そしてこの改訂版においては笠原江理子氏、柏原里美氏にお礼申し上げます。

　このワークブックが、多くの方の内的キャリアの深まりに、いくばくかでもお役に立てれば幸いと思います。

〈引用文献〉
- A.ラザルス、A.フェイ、C.ラザルス著、斉藤勇、山村宜子訳『あなたを縛る「思い込み」から抜け出す法　信じてはいけない40の教え』ダイヤモンド社
- E.H.シャイン著、金井寿宏訳『キャリア・アンカー　自分のほんとうの価値を発見しよう』白桃書房
- E.H.シャイン著、二村敏子、三善勝代訳『キャリア・ダイナミクス　キャリアとは、生涯を通しての人間の生き方・表現である。』白桃書房
- J.D.クランボルツ、A.S.レヴィン著、花田光世、大木紀子、宮地夕紀子訳『その幸運は偶然ではないんです！』ダイヤモンド社
- M.デービス、M.マッケイ著、河野友信監修、高橋宏訳『自分でできる心のセルフ診療室』創元社
- R.N.シェパード著、鈴木光太郎、芳賀康明訳『視覚のトリック』新曜社
- 遠藤周作著『生き上手死に上手』文藝春秋
- 岡本祐子著『こころの科学 no.140（2008.9.1）』「女性のライフサイクルとこころの危機」日本評論社
- 斎藤孝『偏愛マップ　キライな人がいなくなるコミュニケーション・メソッド』NTT出版
- 坂口順治著『グループ・ワーク　その人間学的アプローチ』学陽書房
- 高村光太郎著『高村光太郎詩集』岩波書店
- 中西信男著『ライフ・キャリアの心理学　自己実現と成人期』ナカニシヤ出版
- 南山短期大学人間関係学科監修、津村俊充、山口真人編『人間関係トレーニング　第2版　私を育てる教育への人間学的アプローチ』ナカニシヤ出版
- 堀公俊他著『チーム・ビルディング　人と人を「つなぐ」技法』日本経済新聞出版社
- 松原達哉著『自分発見「20の私」』東京図書
- 山本成二、美濃一朗著、日経連研修部編『研修ゲームハンドブック』日本経団連出版
- 横山哲夫、小野田博之、上田敬、八巻甲一、小川信男、今野能志著『キャリア開発／キャリア・カウンセリング』生産性出版
- 労働政策研究・研修機構編『VPI職業興味検査手引』雇用問題研究会

〈読むとヒントになる文献〉
- W.ブリッジズ著、倉光修、小林哲郎訳『トランジション　人生の転機』創元社
- 木村周著『キャリア・カウンセリング　理論と実際』雇用問題研究会
- 錦戸かおり著『働く女性が35歳の壁を乗り越えるためのヒント』河出書房新社
- 宝彩有菜著『気楽なさとり方』日本教文社
- 横山哲夫監修、小野田博之、平和俊、小倉泰憲、秋場隆、吉田洋著『キャリア開発24の扉　組織・仕事・人・心を考える必携ガイド』生産性出版
- 横山哲夫著『「個立」の時代の人材育成　多様・異質・異能が組織を伸ばす』日本生産性本部
- 渡辺三枝子著『新版　キャリアの心理学　キャリア支援への発達的アプローチ』ナカニシヤ出版

著者紹介●
小野田博之

有限会社キャリアスケープ・コンサルティング代表取締役。特定非営利活動法人日本キャリア・カウンセリング研究会会員（略称ＪＣＣ、http://www.npo-jcc.org/）。内的キャリア自覚の深い自律した個人と、社会的ミッションを自覚した組織が、共生関係の中でともに成長、発展することを支援する組織・人事コンサルティング、キャリア・カウンセリングがライフ・テーマ。ＪＣＣに設けられた若年者のキャリア開発支援を目的とした「WORK語り合い」プロジェクトで、学生と社会人若年層を対象にしたグループワークの開催や「はたかち®」カードなどのツール開発を行った。

著者：『キャリア開発／キャリア・カウンセリング』（共著、生産性出版）、『キャリア開発24の扉　組織・仕事・人・心を考える必携ガイド』（編著、同）

改訂版
自分のキャリアを自分で考えるためのワークブック

2005年 9 月15日	初版第 1 刷発行
2015年 1 月10日	改訂版第 1 刷発行
2022年10月15日	第 7 刷発行

著 者 ── 小野田博之
　　　　　Ⓒ 2015 Hiroyuki Onoda
発行者 ── 張　士洛
発行所 ── 日本能率協会マネジメントセンター

〒103-6009 東京都中央区日本橋2-7-1　東京日本橋タワー
TEL　03（6362）4339（編集）／03（6362）4558（販売）
FAX　03（3272）8128（編集）／03（3272）8127（販売）
https://www.jmam.co.jp/

装　丁────岡村佳織
イラスト───坂木浩子
本文デザイン─TYPEFACE
本文DTP───株式会社森の印刷屋
印刷所────広研印刷株式会社
製本所────株式会社三森製本所

本書の内容の一部または全部を無断で複写複製（コピー）することは、法律で認められた場合を除き、著作者及び出版者の権利の侵害となりますので、あらかじめ小社あて許諾を求めてください。

ISBN978-4-8207-4915-8　C3034
落丁・乱丁はおとりかえします。
PRINTED IN JAPAN

好評既刊図書

■改訂版　専門学校生のための就職内定基本テキスト

専門学校生就職応援プロジェクト著

A5判　168頁（別冊ノート48頁）

●内容 —— 専門学校生の就職活動に特化したテキスト。自己分析から面接対策まで、本当に必要なことを解説。就職活動ノートとしても使用できる。

■納得の自己分析

岡本恵典著

A5判　208頁（別冊ワークシート24頁）

●内容 —— 過去・現在・未来の自分史作りで、納得し自信を持って最高の内定を取るコツを就活生・面接官の声を聞く著者が指南。役立つ別冊付き。

■接客サービス基本テキスト

キャリア総研著

B5判　184頁（別冊解答・解説20頁）

●内容 —— ミニクイズに挑戦してからイラスト満載の解説でやさしく理解できる構成。接客サービスの基本が身につくようにケースや練習問題を掲載。

■改訂版　ビジネスマナー基本テキスト

キャリア総研著

B5判　176頁（別冊解答・解説16頁）

●内容 —— 簡単なビジネスマナークイズにチャレンジしてから、イラストや箇条書き主体の解説文でやさしく理解できる構成。練習問題で反復もできる。

■ビジネス能力検定ジョブパス3級公式テキスト

一般財団法人職業教育・キャリア教育財団監修

B5判　152頁

●内容 —— 文部科学省後援ビジネス能力検定ジョブパス対応の唯一の公式テキスト。受験対象は就職活動を控えた方（専門学校生、短大・大学生等）。

マイ・キャリア演習帳

~自分のキャリアを自分で考えて
書きとめておくためのノート~

名前（ペンネーム）：

開始日：

考えるシート 1　いま、気になっていること
〈本文14ページ〉

| 気になっている人 | どんなところが気になりますか？ |

| 気になっている出来事 | どんなところが気になりますか？ |

| 気になっている仕事 | その仕事のどこが気になりますか？ |

| 気になっている会社 | どんなところが気になりますか？ |

| 気になっている商品やサービス | どんなところが気になりますか？ |

1回め：	年	月	日
2回め：	年	月	日

いま、時間があればやっておきたいことは何ですか？　　それはどうしてですか？

いま、気がかりなこと もやもやしていることはありますか？　　それはどうなっているとよいでしょうか？

まとめてみましょう

あなたがいま、興味や関心をもっているものは何でしょうか？

　　どんな領域のことですか？

　　どんなところにひかれるのでしょうか？

あなたはいま、何に嫌な感じ（不満や不安）をもっているのでしょうか？

　　どんな領域のことですか？

　　どうすればその感じは少なくなるのでしょうか？

振り返りシート 1	いま、気になっていること	1回め： 　　年　　月　　日
		2回め： 　　年　　月　　日

作業を終えての振り返り

　初めてのワークですね。こうした作業をした後は、書き終えたものを眺めてみての感想や、作業をしているときに思ったこと、考えたことを書きとめておくことが大切です。時間が経ってから見直してみて、そのときどういうつもりで書いたのか、いまの気持ちや考え方と比べることで、自分がどのように変化したのかがわかります。そうすることで、自分のことがより深く理解できます。将来の自分へのギフトだと思って書いておきましょう。簡単な文章やキーワードだけでもいいですよ。後で、自分がわかればいいのですから。

Q1：ではさっそく、この作業をやってみて気がついたこと、思ったことを書きとめておきましょう。

Q2：「いま」の自分を客観的に眺めてみましょう。何か気がついたことがありますか？

1回め：	年	月	日
2回め：	年	月	日

グループワークの準備

Q： この後グループで、作業をしてみてわかったことや気がついたこと、感じたことをお互いに話してみます。そのための準備をしておきましょう。グループワークのテーマは「いま、わたしが気になっていること」です。どんなことを話してみたいですか？ どんなことを話せそうですか？

グループワークを終えての振り返り

Q1： グループワークで話したり、聞いたりしてみて、気がついたこと、わかったことはありますか？ 自分のこと、ほかのそれぞれのメンバーのこと、両方について考えてみてください。

Q2： この後作業を進めていくうえで、何かやっておきたいこと、確認しておきたいこと、助けが必要なことはありますか？

考えるシート 2　マイ エンブレム
〈本文20ページ〉

1回め：　　年　　月　　日
2回め：　　年　　月　　日

● パートナーを探すときは折り返して、振り返りシートのページが見えないようにしましょう。

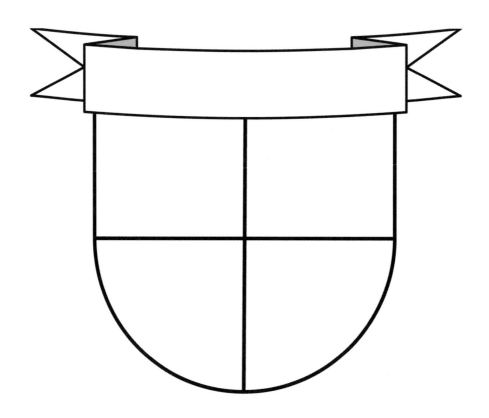

振り返りシート 2　マイ エンブレム

1回め：　　　年　　月　　日
2回め：　　　年　　月　　日

グループワークを終えての振り返り

Q1：あなたが選んだキーワードは？

Q2：ペアまたはトリオになった人のキーワードは？

Q3：最初に2人組または3人組になったとき（話をする前）の印象は？　エンブレムのどのあたりが近いと感じましたか？

Q4：実際に話をしてみてどのように印象は変化しましたか？　より納得したところは？　ちょっと意外だったところは？

Q5：話をしてみて気がついたところやわかったところ、ほかの人の話を聞いて気づいたことやわかったことを記録しておきましょう。

Q6：この後作業を進めていくうえで、何かやっておきたいこと、確認しておきたいこと、助けが必要なことはありますか？

考えるシート 3　わたしは誰？

〈本文24ページ〉

1回め：　　　年　　月　　日
2回め：　　　年　　月　　日

① わたしは _____ 。
② わたしは _____ 。
③ わたしは _____ 。
④ わたしは _____ 。
⑤ わたしは _____ 。
⑥ わたしは _____ 。
⑦ わたしは _____ 。
⑧ わたしは _____ 。
⑨ わたしは _____ 。
⑩ わたしは _____ 。
⑪ わたしは _____ 。
⑫ わたしは _____ 。
⑬ わたしは _____ 。
⑭ わたしは _____ 。
⑮ わたしは _____ 。
⑯ わたしは _____ 。
⑰ わたしは _____ 。
⑱ わたしは _____ 。
⑲ わたしは _____ 。
⑳ わたしは _____ 。

振り返りシート 3　わたしは誰？

1回め：　　　年　　　月　　　日
2回め：　　　年　　　月　　　日

カテゴリー	文章番号
A：生まれもったもの	
B：身体の特徴	
C：性格	
D：信念	
E：好み・関心	
F：将来・希望	
G：役割	
H：対人関係	
I：所有	

作業を終えての振り返り

書いたものを左の表で分類してみましょう。

Q1：書いてみて、分類してみて、あなたについてどんなことがわかりましたか？ 何か傾向がありましたか？

グループワークの準備

Q2：グループワークのテーマは「こんなわたしです。どうぞよろしく」です。この作業で分析した結果をもとに、改めて自己紹介をしてみます。どんなふうに説明できそうでしょうか？ 全ての項目を説明する必要はありません。

グループワークを終えての振り返り

Q3：自分の話をしてみてどうでしたか？ わかってもらえたところ、共感してもらったところはどこですか？ 意外な反応をもらったところは？ そういう反応をもらってどうでしたか？

Q4：ほかの人の話を聞いて気づいたこと、わかったことを記録しておきましょう。

Q5：この後作業を進めていくうえで、何かやっておきたいこと、確認しておきたいこと、助けが必要なことはありますか？

考えるシート 4 やる気のもとは何？

〈本文28ページ〉

1回め： 　　年　　　月　　　日
2回め： 　　年　　　月　　　日

1. これまでの出来事の中で一番燃えた・イケていたのは、どんなことをしていたときですか？　また、そのときの内容や状況、気持ちを思い出して記入してくださ

　　●その出来事の内容、状況

　　●そのときに思ったこと、考えたこと

2. これまでの出来事の中で、一番燃えなかった・へこんでいたのは、どんなことをしていたときですか？　また、そのときの内容や状況、気持ちを思い出して記入してください。

　　●その出来事の内容、状況

　　●そのときに思ったこと、考えたこと

3. あなたが燃えているとき・イケているときのキーワードは何ですか？　燃えていないとき・へこんでいるときのキーワードは何ですか？

燃えているとき・イケているとき	燃えていないとき・へこんでいるとき

振り返りシート 4	やる気のもとは何？	1回め： 年 月 日
		2回め： 年 月 日

作業を終えての振り返り

Q1：あなたが燃えるためになくてはならないことは何ですか？

Q2：あなたが燃えるために、あってはいけないことは何ですか？

Q3：あなたが燃えるために、できるならばあったほうがよいと思うことは何ですか？

グループワークの準備

Q：ここでのグループワークのテーマは「わたしの『やる気のもと』」です。どのように説明できそうでしょうか？　どんなときに燃えるのか、燃えるとどんな感じなのかについてまとめておきましょう。

グループワークを終えての振り返り

Q1：自分の話をしてみてどうでしたか？　わかってもらえたところ、共感してもらったところはどこですか？　意外な反応をもらったところは？　そういう反応をもらってどうでしたか？

Q2：この後作業を進めていくうえで、何かやっておきたいこと、確認しておきたいこと、助けが必要なことはありますか？

考えるシート 5　出会い　〈本文32ページ〉

1回め：　　年　　月　　日
2回め：　　年　　月　　日

出会った人	いつごろ？	どんな場面	どんなインパクト？	いまの自分にとっての意味

出会った景色	いつごろ？	周りには誰が？何を話した？	どんなインパクト？	いまの自分にとっての意味

出会った出来事	いつごろ？	何を感じた？何を思った？	どんなインパクト？	いまの自分にとっての意味

振り返りシート 5　出会い	1回め：　　年　　月　　日
	2回め：　　年　　月　　日

作業を終えての振り返り

Q1：出会いをまとめてみて、新たに思い出したこと、気づいたことはありますか？ それはどんなことですか？

Q2：ワークシートにある「人」「景色」「出来事」のほかに、本や映画、テレビ番組、コミック、ゲーム、商品、サービス…いろいろなものと出会っていますね。印象に残っているものはありますか？ どうして印象に残っているのでしょうか？

グループワークの準備

Q：ここでのグループワークのテーマは「わたしにとっての出会い」です。これまでに出会ったもののうち、今の自分に影響があったのはどんなことでしょうか？ なぜ印象に残っているのでしょうか？ どんな影響がありましたか？

グループワークを終えての振り返り

Q1：自分の話をしてみてどうでしたか？ わかってもらえたところ、共感してもらったところはどこですか？ 意外な反応をもらったところは？ そういう反応をもらってどうでしたか？

Q2：ほかの人の出会いを聞いて気づいたこと、なるほどと思ったこと、意外だったことはありますか？

Q3：この後作業を進めていくうえで、何かやっておきたいこと、確認しておきたいこと、助けが必要なことはありますか？

考えるシート 6 人生線分析

〈本文36ページ〉

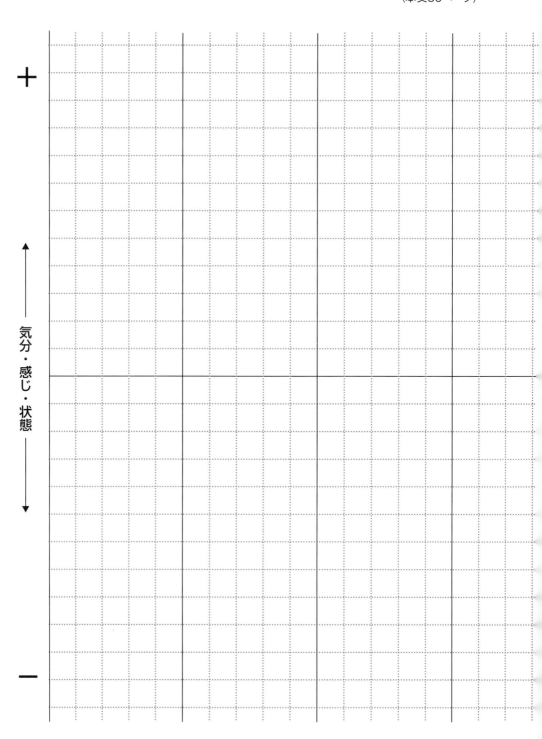

1回め： 年 月 日
2回め： 年 月 日

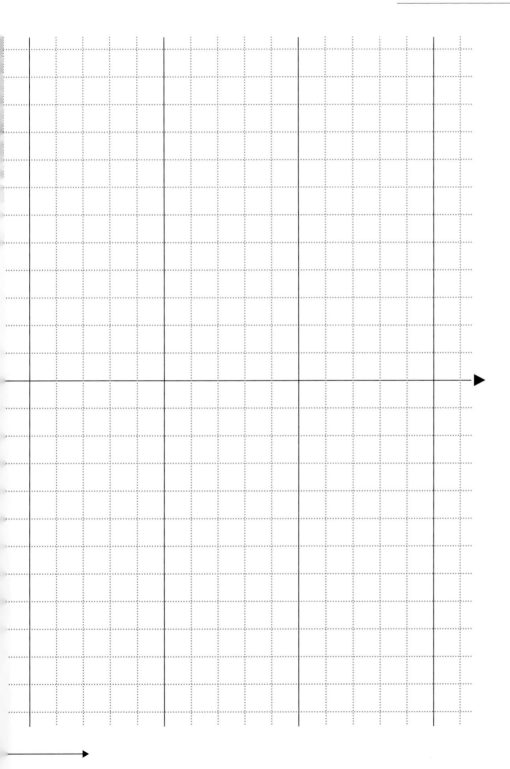

振り返りシート 6　人生線分析

作業を終えての振り返り

Q1：これまで歩んできた道筋を自分で見て、どんなことを感じましたか？

Q2：人生線全体を見てください。傾向やパターンのようなものがありますか？

Q3：この線に名前（作品名）をつけるとすれば、どうつけますか？「〇〇な△△」のように名づけてみてください。作品を見たら、なるほどそうだよね、と思えるようなものがよいですが、自分ではこれがしっくりくる、というのでもいいですね。

1回め：	年	月	日
2回め：	年	月	日

ペアワークを終えての振り返り

Q1：人生線を説明してみて気づいたことをまとめておきましょう。

Q2：パートナーとなった人の人生線の話を聞いてみて、気がついたこと、わかったことを書き留めておきましょう。

グループワークの準備

Q：ここでのグループワークのテーマは「わたしの人生線」です。人生線を書いてみてわかったことやペアワークの中でわかったこと、気づいたことを話してみます。どんなことを話してみますか？　どんなことが話せそうですか？

グループワークを終えての振り返り

Q1：自分の話をしてみてどうでしたか？　わかってもらえたところ、共感してもらったところはどこですか？　意外な反応をもらったところは？　そういう反応をもらってどうでしたか？

Q2：この後作業を進めていくうえで、何かやっておきたいこと、確認しておきたいこと、助けが必要なことはありますか？

考えるシート 7　JobとWork/仕事人生と全人生　〈本文40ページ〉

検討してみたい人：＿＿＿＿＿＿＿＿＿＿＿＿＿＿＿＿＿
この人の
▶Job

▶Work

検討してみたい人：＿＿＿＿＿＿＿＿＿＿＿＿＿＿＿＿＿
この人の
▶Job

▶Work

検討してみたい人：＿＿＿＿＿＿＿＿＿＿＿＿＿＿＿＿＿
この人の
▶Job

▶Work

そして

検討してみたい人：**10年後の自分**
この人の
▶Job

▶Work

1回め：	年	月 日
2回め：	年	月 日

JobとWorkのウエートは？　　　その理由は？　　　仕事人生のウエートは？

Work　　　　　　　　　　理由　　　　　　　　　　全人生

Work　　　　　　　　　　理由　　　　　　　　　　全人生

Work　　　　　　　　　　理由　　　　　　　　　　全人生

Work　　　　　　　　　　理由　　　　　　　　　　全人生

| 振り返りシート 7 | JobとWork／仕事人生と全人生 | 1回め： 年 月 日
2回め： 年 月 日 |

作業を終えての振り返り

Q1：検討してみてわかったこと、考えたことをメモしておきましょう。

Q2：あなたにとって、10年後ではなく現在のJob、Workを挙げるとすれば、どのようなものが挙げられますか？

グループワークの準備

Q：ここでのグループワークのテーマは「私にとってのJobとWork」です。ここまでの作業を行って思ったこと、感じたこと、そしてこれからのJobとWorkの関係をどのようにしていきたいかについて話してみます。どんなことを話してみたいですか？ どんなことを話せそうですか？

グループワークを終えての振り返り

Q1：自分の話をしてみてどうでしたか？ わかってもらえたところ、共感してもらったところはどこですか？ 意外な反応をもらったところは？ そういう反応をもらってどうでしたか？

Q2：この後作業を進めていくうえで、何かやっておきたいこと、確認しておきたいこと、助けが必要なことはありますか？

考えるシート 8 ライフロール

〈本文48ページ〉

1回め：　　年　　月　　日
2回め：　　年　　月　　日

　まず、いまの時点で、それぞれの役柄に該当することとしてどのようなことをしているかを書いてみましょう。
　また、それぞれの役柄にどれほどウエートを置いているかを書いてみましょう。

役柄	説明	いまの自分	ウエート
子ども	親に育てられている。面倒を見てもらっている。あるいは子どもとして親の面倒を見ている。		％
学生	学校に通って学習をしている。義務教育やそれに続く専門教育、高等教育も含む。学校だけでなく、技術やスキル、語学力を獲得するために教育・研修施設に通ったり、通信教育を受けるというのも含める。		％
余暇人	自分の興味や関心を満たす時間、期間。一人で趣味やレジャーを楽しんだり、サークルやバンドなどで仲間とすごしたりしている。		％
市民	地域や社会から要請されている役割を担っている。周りから割り当てられることもあるだろうし、自発的に地域活動や社会活動などに参加するものも含む。		％
働く人	会社などで仕事をしている（どちらかというとJobの部分）。あるいは仕事を得るための活動をしている。		％
家庭人	配偶者とともに、あるいは単身で家庭を築き、それを維持する活動。親として子どもを育てること。住居を維持することも含む。		％

考えるシート 8 ライフロール

〈本文49ページ〉

	出生〜小学校	中学校	中学卒業後	ここ数年	現在	20歳代
子ども					%	
学生					%	
余暇人					%	
市民					%	
働く人					%	
家庭人					%	

1回め：　　　年　　　月　　　日

2回め：　　　年　　　月　　　日

30歳代	40歳代	50歳代	60歳代	70歳代	それから

振り返りシート 8　ライフロール

1回め：　　　年　　月　　日
2回め：　　　年　　月　　日

作業を終えての振り返り

Q1：ライフロールの現在、過去、未来を書いてみて感じたこと、思ったことをまとめておきましょう。まず、今のライフロールの内容とウエート（21ページ）を書いてみて、どんなことを感じましたか？　どれが多いですか？　どうだったらいいと思いますか？

Q2：過去から現在、現在から未来に向けたライフロールの内容とそれにまつわる出来事、そしてそのウエートの変化を書いてみました。どんなことを感じましたか？　どんなことに気づきましたか？

グループワークの準備

Q：ここでのグループワークのテーマは「ライフロールを書いてみて」です。ライフロール分析をしてわかったこと、気づいたことを話してみます。どんな話ができそうですか？

グループワークを終えての振り返り

Q1：自分の話をしてみてどうでしたか？　わかってもらえたところ、共感してもらったところはどこですか？　意外な反応をもらったところは？　そういう反応をもらってどうでしたか？

Q2：この後作業を進めていくうえで、何かやっておきたいこと、確認しておきたいこと、助けが必要なことはありますか？

考えるシート 9　キャリアアンカー

〈本文54ページ〉

1回め：　　年　　月　　日
2回め：　　年　　月　　日

○もっとも共感できた人は誰ですか？

　その人のどこに共感しましたか？　なるほどと思って線を引いたところの単語や文章を転記してみましょう。

　その人と仕事をするなら、どんな仕事をしたいですか？　仕事の内容だけでなく、仕事の進め方や職場の雰囲気などについても記入してください。

名前	
共感できたところ	
一緒に仕事をするならどんなふうに？	

○2番目に共感できた人は誰ですか？

　先ほどと同じように考えてみてください。もっとも共感できた人を一人に絞り込めないときは、この欄も含めて「もっとも共感できた人」にしてもかまいません。

名前	
共感できたところ	
一緒に仕事をするならどんなふうに？	

○この人とは違う感じがするな、違っているなと感じた人は誰ですか？

　どのあたりにそう感じたのでしょうか？

名前	
違うなと感じたところ	

振り返りシート 9　キャリアアンカー

1回め：　　　年　　　月　　　日
2回め：　　　年　　　月　　　日

作業を終えての振り返り

　この作業では、キャリアアンカーを人物になぞらえて、親しみやすさや共感の程度という観点から探ってみました。

Q1：60ページから62ページまでの一覧表も参考にしながら、自分にとってのキャリアアンカーを選ぶとすれば、8つのうちのどのカテゴリーが当てはまりそうですか。

Q2：そのカテゴリーを選んだ理由、特に重視した点は何ですか？

グループワークの準備

Q：この後「私のキャリアアンカー」というテーマで、グループワークをします。自分にとってどうしてそれが大切だと感じるのか、今までの体験やエピソードをまじえて説明します。これまでにやってきたワークの内容も役立つはずです。どのように説明できそうでしょうか？

　・取り上げるカテゴリーの名前

　・関連する体験、エピソード

グループワークを終えての振り返り

Q1：グループワークで話したり、聞いたりしてみて、気づいたこと、わかったことはありますか？　自分のこと、ほかのそれぞれのメンバーのこと、両方について考えてみてください。

Q2：この後作業を進めていくうえで、何かやっておきたいこと、確認しておきたいこと、後が必要なことはありますか？

| 考えるシート 10 | 好きな役割 ⟨本文64ページ⟩ | 1回め： 年 月 日
2回め： 年 月 日 |

第1希望の役割	
①その役割を選んだ理由、方法	
②役割を担ったときには、あなたは具体的にはどんな活動をしそうですか？	
③その活動をしたとき、どんなことがおもしろそうですか？	

第2希望の役割	
①その役割を選んだ理由、方法	
②役割を担ったときには、あなたは具体的にはどんな活動をしそうですか？	
③その活動をしたとき、どんなことがおもしろそうですか？	

第3希望の役割	
①その役割を選んだ理由、方法	
②役割を担ったときには、あなたは具体的にはどんな活動をしそうですか？	
③その活動をしたとき、どんなことがおもしろそうですか？	

ヒアリングシート 10 みんなの好きな役割

〈本文64ページ〉

1回め：　　年　　月　　日
2回め：　　年　　月　　日

名前を記入	さん	さん	さん
第1希望の役割			
①その役割を選んだ理由、方法			
②役割を担ったときには、具体的にはどんな活動をするつもりですか？			
③その活動をしたとき、どんなことがおもしろそうだと考えていますか？			
第2希望の役割			
①その役割を選んだ理由、方法			
②役割を担ったときには、具体的にはどんな活動をするつもりですか？			
③その活動をしたとき、どんなことがおもしろそうだと考えていますか？			
第3希望の役割			
①その役割を選んだ理由、方法			
②役割を担ったときには、具体的にはどんな活動をするつもりですか？			
③その活動をしたとき、どんなことがおもしろそうだと考えていますか？			

振り返りシート 10 好きな役割

1回め：　　　年　　月　　日
2回め：　　　年　　月　　日

作業を終えての振り返り

Q1：自分の選んだ3つの役割について感じたこと、思ったことを書いておきましょう。何か共通点はありましたか？

Q2：どうやって選びましたか？

グループワークを終えての振り返り

Q1：同じ役割を選んだ人はいましたか？ その人と自分とで、選んだ理由やそこでの活動、そしてそのおもしろさについてどんな共通点と違いがありましたか？

Q2：3つともあなたと同じ役割を選んでいる人はいましたか？ その人との共通点や異なっているところはどこですか？

Q3：グループワークで話したり、聞いたりしてみて、気づいたこと、わかったことはありますか？ 自分のこと、ほかのそれぞれのメンバーのこと、両方について考えてみてください。

Q4：この後作業を進めていくうえで、何かやっておきたいこと、確認しておきたいこと、助けが必要なことはありますか？

考えるシート 11 職業マイニング 〈本文71ページ〉

1回め：　　　年　　月　　日
2回め：　　　年　　月　　日

○**あなたのラッキーナンバー（1つめ）**
　探索した小分類のコード ＿＿＿＿＿＿

小分類の職業名	
選んだ職業 （細分類）	
その職業の内容 （具体的に）	
働く場所はどんな ところですか？	
どんな知識、資格 が必要ですか？	

○**あなたのラッキーナンバー（2つめ）**
　探索した小分類のコード ＿＿＿＿＿＿

小分類の職業名	
選んだ職業 （細分類）	
その職業の内容 （具体的に）	
働く場所はどんな ところですか？	
どんな知識、資格 が必要ですか？	

振り返りシート 11	職業マイニング	1回め： 　年　　月　　日
		2回め： 　年　　月　　日

作業を終えての振り返り

Q1：この作業では、職業分類を使って、普段は出会いそうにない職業を探索してみました。出会った職業についている人は、どんなことをやりがい、働きがいにしていると思いますか？ その人がその仕事を選んだ理由があるとすれば、どんなことだと思いますか？

Q2：もしあなたがその仕事に就くことになったとしたら、どんなときに働きがいを感じられそうでしょうか？ キャリアアンカー（ワーク9）の結果なども参考にしながら考えてみましょう。

グループワークの準備

Q：この後「職業マイニングの探索報告」というテーマで、グループワークをします。2つある探索結果のうち、いずれか一方を選んで、その職業の内容を紹介してください。自分がその職業に就いているつもりで紹介しましょう。具体的な仕事の内容だけでなく、その職業を通して得られるやりがい、働きがいなどについても説明します。もちろん、推測でもかまいません。前の項も参考にしながら、どのように説明するか考えておきましょう。

グループワークを終えての振り返り

Q1：グループワークで話したり、聞いたりしてみて、気づいたこと、わかったことはありますか？ 自分のこと、ほかのそれぞれのメンバーのこと、両方について考えてみてください。

Q2：この後作業を進めていくうえで、何かやっておきたいこと、確認しておきたいこと、助けが必要なことはありますか？

考えるシート 12 わたしのカイシャ

〈本文76ページ〉

会社名：
事業内容：

仕入・購買
材料や部品、完成品を調達。

あなたの指示は？

製造（工場）
仕入れた材料、部品から製品を製造。システム開発会社では、プログラム作成を製造と呼ぶことも。

あなたの指示は？

商品開発
もっとお客さまに受け入れられる製品、商品、サービスの企画、設計を担当。

あなたの指示は？

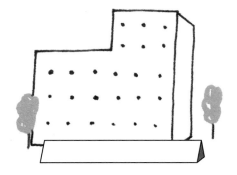

販売（営業、店舗）
営業社員あるいは店舗を通じて、お客さまに製品、商品、サービスを提供し、代金を回収。

あなたの指示は？

お客さまセンター
お客さまからの電話を受け付け、各部門へ内容をフィードバック。

あなたの指示は？

人事・教育
従業員の採用、教育、異動計画の立案。給与計算と支払い。労働組合との調整も行う。

あなたの指示は？

経理・財務
資金の管理、入出金のチェックと決算、納税。経営に必要な会計データを作成。

あなたの指示は？

| 1回め： | 年 | 月 | 日 |
| 2回め： | 年 | 月 | 日 |

以下は、あなたが考えた部署とその役割、そしてあなたの指示を記入してください。

生産技術
製造ラインの生産効率、品質、安全性向上のための方策を立案。

あなたの指示は？

宣伝・広告
製品・商品・サービスの認知度を引き上げ、売上アップ、集客を図る。会社そのものの認知度向上も。

あなたの指示は？

情報システム
社内の情報システムの整備、メンテナンス、高度化を提案。

あなたの指示は？

総務
経営計画づくりと全社的な調整。社屋や工場などの資金管理。株主総会など株主対策。文書管理も行う。

あなたの指示は？

あなたの指示は？

あなたの指示は？

あなたの指示は？

振り返りシート 12 わたしのカイシャ	1回め：　　　年　　　月　　　日
	2回め：　　　年　　　月　　　日

作業を終えての振り返り

Q1：各部門に指示したいことを書いてみましたが、どの部署が一番書きやすかったですか？　またそれはなぜでしょうか？

Q2：逆に一番書きづらかったのはどの部署ですか？　それはなぜでしょうか？

Q3：指示したことを読んでみてください。何か共通したところはありませんか？　書いている内容に共通することなど何か傾向はありませんでしたか？　あるとすれば、あなたはその面での関心が高いのかもしれません。それは自分にとってしっくりすることですか？　それとも納得できない感じですか？

グループワークの準備

Q：ここでのグループワークのテーマは「私の会社にどうぞ」です。グループのメンバーに自分の会社に入社してもらうつもりで、会社の事業内容と、お勧めの部門を説明します。グループのメンバーごとに活躍してほしい部署を割り振ってもいいですね。

グループワークを終えての振り返り

Q1：グループワークで話したり、聞いたりしてみて、気づいたこと、わかったことはありますか？　自分のこと、ほかのそれぞれのメンバーのこと、両方について考えてみてください。

Q2：この後作業を進めていくうえで、何かやっておきたいこと、確認しておきたいこと、助けが必要なことはありますか？

振り返りシート 13 好き嫌いで選んでみよう

1回め： 　年　　月　　日
2回め： 　年　　月　　日

作業を終えての振り返り
〈本文82ページ〉

Q1：あなたが選んだ条件のうち、上位7つを転記しておきましょう。

順位	内容
1位	
2位	
3位	
4位	
5位	
6位	
7位	

Q2：あなたが会社に求めるものを並べた結果を見てどう思いましたか？ 何か傾向はありましたか？ 自分なりに加えた条件は何でしたか？

Q3：学生全体の結果と比べて、違っているところはどこでしたか？ アンケート結果よりも大切にしているもの、逆に重要視していないものはそれぞれ何でしたか？ どうしてそう判断したのでしょうか？

グループワークの準備

Q：ここでのグループワークのテーマは「私が会社を選ぶなら」です。あなたがつけた順位とその理由について説明します。どのような説明をしますか？

グループワークを終えての振り返り

Q1：グループワークで話したり、聞いたりしてみて、気づいたこと、わかったことはありますか？ 自分のこと、ほかのそれぞれのメンバーのこと、両方について考えてみてください。

Q2：この後作業を進めていくうえで、何かやっておきたいこと、確認しておきたいこと、助けが必要なことはありますか？

考えるシート 14　もっともな、モットー 〈本文86ページ〉

1回め：　　年　　月　　日
2回め：　　年　　月　　日

番号			
考えていること			
どんなときに思いましたか？			
その考えにもとづいてどのように行動しましたか？			
その結果、どんな気持ちになりましたか？			
新しい考え方は？これからはどのように行動しますか？			

振り返りシート 14	もっともな、モットー	1回め： 　年　　月　　日
		2回め： 　年　　月　　日

作業を終えての振り返り

Q1：自分のモットーを見直してみて、気がついたこと、思ったことを書きとめておきましょう。

Q2：あらためて気がついたモットーはありましたか？

Q3：人生を悩ましくしそうなモットーや思い込みになりそうなモットーはありましたか？　それについてどう思いましたか？　今後はどのようにしようと思いますか？

グループワークの準備

Q：ここでのグループワークのテーマは「私のモットーとその対策」です。前ページの作業についてグループワークで話してみます。どのように説明しますか？

グループワークを終えての振り返り

Q1：グループワークで話したり、聞いたりしてみて、気づいたこと、わかったことはありますか？　自分のこと、ほかのそれぞれのメンバーのこと、両方について考えてみてください。

Q2：この後作業を進めていくうえで、何かやっておきたいこと、確認しておきたいこと、助けが必要なことはありますか？

考えるシート 15　分析結果の整理

〈本文94ページ〉

1回め：　　　年　　月　　日
2回め：　　　年　　月　　日

①働くということのイメージ

②やってみたいこと、関心のあること

③おもしろいと思っていること、大切にしたい価値観

④これまでのグループワークで感じた自分の傾向

振り返りシート 15　分析結果の整理

1回め：　　　年　　　月　　　日
2回め：　　　年　　　月　　　日

作業を終えての振り返り

Q1：分析結果をまとめてみて感じたことを書いておきましょう。新たにわかったこと、気づいたことはありましたか？

Q2：これまでのワークの中で、あいまいなところ、改めて考えておきたいと思っているところはありますか？　それを解決するために、どんな助けが必要でしょうか？

グループワークの準備

Q：ここでのグループワークのテーマは「総括！　ここまででわかったこと、気づいたこと。あいまいなこと、わからないこと」です。自分なりに整理しておきましょう。

グループワークを終えての振り返り

Q1：グループワークで話したり、聞いたりしてみて、気づいたこと、わかったことはありますか？　自分のこと、ほかのそれぞれのメンバーのこと、両方について考えてみてください。

Q2：この後作業を進めていくうえで、何かやっておきたいこと、確認しておきたいこと、助けが必要なことはありますか？

考えるシート 16　なりたい自分

〈本文98ページ〉

1回め：　　　年　　　月　　　日
2回め：　　　年　　　月　　　日

最終的になりたい自分

そこでやっていること

そうなるために必要な経験、知識、スキル

2nd-Best	3rd-Best
もう1つの最終的になりたい自分	さらにもう1つの最終的になりたい自分
そこでやっていること	そこでやっていること
そうなるために必要な経験、知識、スキル	そうなるために必要な経験、知識、スキル

振り返りシート 16	なりたい自分	1回め： 　　年　　月　　日
		2回め： 　　年　　月　　日

作業を終えての振り返り

Q：「なりたい自分」を書いてみて感じたことをまとめておきましょう。「なりたい自分」はすぐに書けましたか？　書いてみてどう思いましたか？　しっくりしていますか？　書けなかったとしたら、なぜ書けなかったのでしょうか？　何があると書けるようになりそうですか？

グループワークの準備

Q：ここでのグループワークのテーマは「わたしはこうなってみたい」です。自分が書いた「なりたい自分」についてグループで話してみます。ゴールそのものも大切ですが、なぜそのゴールをめざしたいと思うのかについて説明してください。

グループワークを終えての振り返り

Q1：グループワークで話したり、聞いたりしてみて、気づいたこと、わかったことがありますか？　自分のこと、ほかのそれぞれのメンバーのこと、両方について考えてみてください。

Q2：ほかの人の「なりたい自分」を聞いてどう思いましたか？　ほかの人と比べると自分は全然できていないというように考える必要はありません。ほかの人の話で参考になるところはないかを考えてみましょう。

Q3：この後作業を進めていくうえで、何かやっておきたいこと、確認しておきたいこと、助けが必要なことはありますか？

考えるシート 17 キャリアパス

〈本文102ページ〉

1回め：　　年　　月　　日
2回め：　　年　　月　　日

振り返りシート 17 キャリアパス	1回め： 年 月 日
	2回め： 年 月 日

作業を終えての振り返り

Q1：キャリアパスを書いてみて感じたことをまとめておきましょう。書いていて新たに気づいたことはありますか？　それはどんなことですか？

Q2：書きづらかったとすればどんなところが書きづらかったでしょうか？　なにがわかれば書きやすそうでしょうか？

グループワークの準備

Q：ここでのグループワークのテーマは「私のキャリアの道のり」です。キャリアパスを書いてみて感じたことをグループで話してみましょう。自分が感じている傾向は、ほかの人もそう感じているかもしれませんし、逆に自分だけがそう思っていることかもしれません。是非確認してみましょう。

グループワークを終えての振り返り

Q1：グループワークで話したり、聞いたりしてみて、気づいたこと、わかったことはありますか？　自分のこと、ほかのそれぞれのメンバーのこと、両方について考えてみてください。

Q2：この後作業を進めていくうえで、何かやっておきたいこと、確認しておきたいこと、助けが必要なことはありますか？

考えるシート 18 始める一歩！

〈本文106ページ〉

〈①やろうとしていること、やらなければならないこと〉

項　目	区　分

【区分】
- いますぐにでもやらなければならないこと …………☆☆
- すぐにでもできること……………………………………☆
- やらなければならないけれど、いまはできないもの……★
- やったほうがよいけれど、それほど急がないもの………空欄

	1回め： 　年　　月　　日
	2回め： 　年　　月　　日

〈②実行計画〉

分　類	内　　容	実　施　時　期
☆☆		
☆		

分　類	内　　容	前　提　条　件
★		

振り返りシート 18	始める一歩！	1回め： 　　年　　月　　日
		2回め： 　　年　　月　　日

作業を終えての振り返り

Q1：当面の行動計画を書いてみて感じたことをまとめておきましょう。

Q2：どうやればいいのかわからない項目はありましたか？　それについては誰に尋ねてみるとわかりそうでしょうか？

グループワークの準備

Q：ここでのグループワークのテーマは「明日からやってみたいこと」です。行動計画を書いてみて感じたことをグループで話してみましょう。

グループワークを終えての振り返り

Q1：グループワークで話したり、聞いたりしてみて、気づいたこと、わかったことはありますか？　自分のこと、ほかのそれぞれのメンバーのこと、両方について考えてみてください。

Q2：この後作業を進めていくうえで、何かやっておきたいこと、確認しておきたいこと、助けが必要なことはありますか？

ワークを終えての感想

1回め　　　　　　　年　　月　　日

2回め　　　　　　　年　　月　　日